연세대학교 출판문화원

연세 한국어 1-1

연세대학교 한국어학당 편

연세대학교 출판문화원

연세 한국어 1·1(영어판)

편저자 연세대학교 한국어학당 교재편찬위원회
집필진 김미옥・황인교・손은경・이수민
발행 연세대학교 출판문화원

주소 서울시 서대문구 연세로 50
전화 02) 2123-3380 ~ 2
팩스 02) 2123-8673
ysup@yonsei.ac.kr
http://www.yonsei.ac.kr/press
등록 1955년 10월 13일 제9-60호
인쇄 (주)동국문화
삽화 디투웍스
녹음 (주)반도음반
성우 곽윤상・윤미나・전광주・홍소영

2013년 3월 5일 1판 1쇄　　2024년 2월 23일 1판 15쇄
ISBN 978-89-97578-65-8(08710)
ISBN 978-89-97578-64-1 (세트)

값 20,000원 (CD포함)

PREFACE

Having the highest reputation in Korean language education for over 50 years, the Korean Language Institute of Yonsei University Language Research and Education Center has compiled a large quantity of textbooks to enhance the quality of Korean language education. Foreigners around the world, as well as Koreans living abroad have shown an increased interest and demand for the Korean language. Likewise, the needs of students have become more diverse. Therefore, the Korean Language Institute of Yonsei University Language Research and Education Center has published a new set of textbooks for various learners to acquire the Korean language and knowledge of the Korean culture.

The textbooks published by the Korean Language Institute are classified into three parts: 'Yonsei Korean 1' and 'Yonsei Korean 2' for beginners, 'Yonsei Korean 3' and 'Yonsei Korean 4' for intermediates, and finally 'Yonsei Korean 5' and 'Yonsei Korean 6' for advanced learners. Each book is aimed towards developing required communicative functions based on the learners' level of ability in Korean.

This set of 'Yonsei Korean' is an integrated collection of various tasks and activities, as well as focused practice of vocabulary and grammar. These activities enhance all of the four communicative skills: listening, speaking, reading and writing. The topics and situations discussed in the textbooks will enable learners to perform a wide range of communicative functions using the Korean language.

We strongly believe 'Yonsei Korea' to be a valuable tool for all potential learners hoping to master the Korean language, as well as for students currently enrolled in the Korean Language Institute of Yonsei University Language Research and Education Center.

Yonsei University Language Research and Education Center
Korean Language Institute
Compilation Committee

일러두기

- '연세 한국어 1' 은 한국어를 배우려는 성인 교포와 외국인을 위한 기초 단계의 책으로 초급 단계에서 꼭 알아야 할 주제를 중심으로 썼으며 이와 함께 필수적인 어휘와 문법, 문화와 사고방식을 소개함으로써 한국에 대한 이해를 넓히고자 하였다. 내용은 총 10개의 과로 이루어져 있으며, 각 과는 4개의 항으로 이루어져 있다.

- '연세 한국어 1' 에는 8명의 주요 인물들이 등장하며 이들 등장인물들의 일상생활을 중심으로 본문의 대화 내용을 구성하였다.

- 교재의 구성은 과 제목과 함께 과의 내용을 제목 밑에 표로 제시하였는데, 표에는 각 항의 제목과 어휘, 문법, 과제, 문화를 제시하여 각 과에서 다룰 내용을 한 눈에 알아보기 쉽게 하였다. 그리고 마지막 항은 복습에 해당하는 항으로 '정리해 봅시다' 라는 이름으로 그 과에서 다룬 어휘와 문법, 기능 등을 복습할 수 있도록 하였으며 '읽어 봅시다' 에서는 본문에 나오는 대화 중 발음이 어려운 문장을 항마다 한 개씩 선정하여 연습할 수 있도록 하였다. 문화 부분은 각 과의 내용과 관련된 내용으로 과마다 2개 정도의 내용을 선정하여 '임스가 본 한국' 이라는 이름으로 외국인의 눈에 비친 한국의 문화를 가볍게 설명하는 식으로 다루었다.

- 각 과는 제목, 학습 목표, 삽화와 도입, 본문 대화, 어휘, 문법 연습, 과제, 문법 설명, 대화 번역, 듣기 지문의 순서로 구성되어 있다.

- 각 과의 제목은 주제에 해당하는 명사로 제시하였으며, 각 항의 제목은 본문 대화 부분에 나오는 주요 문장으로 제시하였다.

- 학습 목표에는 학습자들이 학습해야 할 의사소통 기능과 문법, 어휘를 제시하였다.

- 본문 대화는 각 과의 주제와 관련된 가장 전형적이고 대표적인 대화 상황을 설정하고자 노력하였으며 대화 전에 대화 상황을 지문으로 간단히 설명하였다. 1과부터 3과까지는 학습자의 부담을 최소화하고자 4개의 문장, 2개의 대화로 구성하였고 4과부터는 6개의 문장, 3개의 대화로 구성하였다.

- 어휘는 각 과의 주제나 기능과 관련된 어휘 목록을 확장 제시하였으며, 과제에 나오는 새 단어는 과제 밑에 따로 구분하여 제시하였다. '연세 한국어 1' 에서 다룬 단어는 약 995개 정도이다.

- 문법 연습은 각 과에서 다루어야 할 핵심 문법 사항으로 각 항마다 2개 정도를 기본으로 간단한 연습 문제와 함께 제시하였으며 문법에 대한 설명은 문법 설명에서 제시하였다.

- 과제는 학습 목표에서 제시한 의사소통 기능에 부합되는 것으로 각 항마다 2개 씩 제시하였는데 과제 간의 연계성을 염두에 두고 구성하였으며, 말하기, 듣기, 읽기, 쓰기의 네 기능을 적절히 제시하되 초급 교재인 만큼 말하기와 듣기의 비중을 높게 구성하였다.

- 각 항의 마지막 부분에는 대화 번역문과 문법 설명을 제시하였다.

- 문화는 각 과의 끝 부분에 실었는데 제임스가 한국의 문화를 간단히 설명하는 식으로 썼으며 실제로 할 수 있는 것은 간단히 해보게 하였다. 또 자기 나라의 문화와 비교해 보거나 자신의 경우를 말하게 하는 등 지식에 그치지 않고 적용해 볼 수 있도록 하였다.

- 색인에서는 각 과에서 다룬 어휘를 가나다 순으로 정리하였으며 본문에서 제시된 항을 함께 제시하였다.

INTRODUCTION

- 'Yonsei Korean 1' is a basic level textbook for foreigners and overseas adult Koreans. It is composed of ten units. Each unit contains five lessons. Its goal is to deepen learners' understanding of Korea through essential vocabulary and grammar, as well as Korean culture and the Korean way of thinking.

- There are 8 main characters in 'Yonsei Korean 1'. The dialogues are based on the every lives of these characters.

- The content of each unit is presented in the 'Contents Map'. This table shows the title, vocabulary, grammar, task, and culture so that students have comprehensive grasp of what is to be studied. The last lesson of each unit is called 'Let's Review', where the vocabulary, grammar and function of each unit is reexamined. 'Let's read together' is the section on pronunciation practice. The most difficult pronunciation of a sentence from the dialogue will be practiced here. In the 'Culture' section, one or two topics related to each unit are presented. Korean culture from the view point of a foreigner is explained under the title 'Korean as James Sees It.'

- Each lesson is arranged in the following order: title, objectives, illustration and introduction, dialogue, vocabulary, grammar, task, grammar notes and dialogue translation.

- The title of each unit is a noun that is related to the content. The title of each lesson is a topic sentence from the dialogue.

- The objectives of each unit introduce the communicative functions, grammar, and vocabulary which are to be studied.

- In the introduction, pictures to help learners understand the topic are presented along with simple questions. This serves to promote interest and motivation in the topic and functions of each unit.

- For 'Dialogues' we attempted to choose the most typical and representative situation related to the topic of the unit. From unit 1 to unit 3, dialogues are composed of 4 short sentences with just two questions and answers. From unit 4, on dialogues are composed of six sentences with three questions and answers.

- In the 'Vocabulary' section, additional vocabulary related to the topic and function of each unit is provided. New words from the task are listed separately below the task. Vocabulary covered in 'Yonsei Korean 1' total about 995 words.

- In the 'Grammar' section, the core grammar of the unit is presented. One or two grammatical patterns are presented along with simple exercises. Explanation of the patterns is presented in 'Grammar Notes'.

- The 'Task' section is composed of activities adequate for each lesson's communicative objectives. Two related task activities are presented for each lesson. Functions of speaking, listening, reading, and writing are combined for that purpose. However, we focused more on speaking and listening skills, as this books is designed for beginners.

- English translation of the dialogues and grammar notes are presented at the end of each lesson.

- Korean cultural information is presented at the end of each unit. The character James, a foreigner in Korea, gives a simple explanation of Korean culture. In cases when actual practice is possible, simple classroom activities are attached. We encourage learners to make comparisons with their home culture and to talk about personal experiences.

- The 'Index' presents a list of vocabulary according to the ∞°≥™¥Ÿ alphabet order, and includes the location of words by unit and by lesson.

차례

CONTENTS

1-1

1-2

내용 구성

	제목	소제목	과제	어휘	문법	문화
01	인사	안녕하십니까?	이름 말하기	이름	입니다, 은/는	한국인의 이름 \ 한국인의 인사 예절
		어느 나라 사람입니까?	국적 말하기	나라 이름	입니까?	
		회사원이 아닙니다	직업 말하기	직업 이름	이/가 아니다	
		반갑습니다	인사 나누기	동사 1	-습니다, -습니까?	
02	학교와 집	이것이 교과서입니까?	물건 이름 말하기	물건 이름	이/가, 이, 그, 저	주말에 갈만한 곳 \ 한국의 위치와 크기
		지도도 있습니까?	교실 물건 말하기	교실 사물 이름, 형용사 1	도, 있다, 없다	
		은행이 어디에 있습니까?	학교 시설물 위치 말하기	장소 명사, 위치 관련 어휘	에¹	
		집이 어디입니까?	집 위치 말하기	장소 이름	하고	
03	가족과 친구	가족 사진을 봅니다	지금 하고 있는 일 말하기	동사 2 (-하다)	을/를	호칭 \ 아줌마와 아저씨
		부모님은 어디에 계십니까?	가족 소개하기	가족 명칭, 존대 어휘, 수 1 (하나-열)	-으시-	
		공기도 좋고 조용합니다	고향에 관해 말하기	형용사 2	-고¹	
		대학교에서 경제학을 공부합니다	친구에 관해 말하기	전공 관련 어휘	에서	
04	음식	식당에 갑니다	식당에 가기	가다, 오다, 식당 관련 어휘	에 가다, -을까요?¹, -읍시다	한국의 식사 문화 \ 한국인의 음식 인심
		무슨 음식을 좋아하십니까?	좋아하는 음식 말하기	음식 종류, 맛 관련 어휘	-지 않다, 무슨, ㄹ 동사	
		저는 불고기를 먹고 싶습니다	음식 고르고 권하기	음식 이름	-고 싶다, -겠-¹	
		여기 물 좀 주십시오	음식 주문하기	음식 관련 단위 명사, 수 2 (일-십)	-으십시오, -을까요?²	
05	하루 생활	지금 몇 시예요?	시간 말하기	수 3, 시간	까지, -어요	'일이삼' 과 '하나둘셋' \ 손가락으로 숫자 세기
		오늘이 몇 월 며칠이에요?	날짜와 요일 말하기	날짜, 요일	-지요?, -으세요	
		일곱 시 반에 일어나요	하루 생활 말하기	동사 3	에², 부터 ~까지,-고²	
		친구하고 무엇을 했어요?	과거 시제(행동) 말하기	시간 관련 어휘	-었-, ㅂ동사	

	제목	소제목	과제	어휘	문법	문화
06	물건 사기	선물을 사러 갑시다	물건 사러 가기	가게 이름	-으러 가다, 과/와	숫자 읽기 \ 생일
		좋지만 좀 비싸요	물건의 질과 크기 말하기	형용사 3	-지만, -은(관형형¹), ㅎ동사	
		얼마예요?	물건 값 묻기	여러 가지 단위 명사	-어 주다, 단위 명사	
		깎아 주세요	물건 값 깎기	선물 관련 어휘	에게, -은, -는, -을(관형형²)	
07	교통	실례지만 길 좀 묻겠습니다	위치, 길 묻기	위치 및 방향 관련 어휘	으로¹, -어서¹	서울 관광 \ 서울지하철
		지하철로 40분쯤 걸립니다	교통편과 걸리는 시간 묻기	교통수단	-으로², 에서 ~까지, -어서²	
		사람이 많으니까 조심하세요	교통수단 이용하기	교통수단 이용 관련 어휘	-으니까, -지 말다	
		과일 가게 앞에 세워 주십시오	택시 이용하기	택시 이용 관련 어휘	ㄷ 동사, 르 동사	
08	전화	전화번호 좀 가르쳐 주세요	전화번호 말하기	전화번호 관련 어휘	-을게요, 이나	한국인과 휴대전화 \ 주요 전화번호
		정민철 씨 계세요?	전화 걸기	전화 관련 어휘	-는데요, -은데요	
		늦으면 전화할게요	전화로 약속하기	약속 관련 어휘	에게서, -으면	
		웨이 씨 좀 바꿔 주세요	전화로 상대방 바꿔 달라고 말하기	통화 관련 어휘	-을 거예요, 만	
09	날씨와 계절	저는 스키를 탈 수 있는 겨울이 좋아요	계절에 대해 말하기	계절 관련 어휘	-는데, -은데, -을 수 있다	한국의 봄꽃 \ 장마와 황사
		날씨가 조금 흐린데요	오늘 날씨 말하기	날씨 관련 어휘	-은 후에, -겠-²	
		오늘보다 따뜻할 것 같아요	날씨 비교하여 말하기	날씨 관련 어휘	보다, -을 것 같다	
		저기에서 사람들이 운동을 하고 있어요	계절 활동 말하기	계절 활동 관련 어휘	-는군요, -고 있다	
10	휴일과 방학	설악산에 가려고 해요	계획 말하기	휴일 관련 어휘	-으려고 하다, 동안	한국 영화 \ 즐거운 노래방
		시간이 있을 때는 여행을 가요	취미 활동 말하기 1	취미 활동 관련 어휘	-을 때, 중에서 ~제일	
		극장에 자주 못 가요	취미 활동 말하기 2	영화 관련 어휘	에 ~쯤, 못	
		산책을 하고 집에서 쉬었어요	주말 활동 이야기하기	운동 관련 어휘	-기 전에, -지 못하다	

X

Hangeul

1

1.1 Hangeul, the Korean alphadet, was invented in the 15th century by King Sejong and other scholars. King Sejong wanted to raise his people out of illiteracy so he invented letters that were easy to lean and use. When it was first invented, there were 17 consonants and 11 vowels. The alphabet has been reduced to 24 letters in the modern era : 24 letters in all, 14 consonants and 10 vowels. the consonants of Hangeul represrnt the shape of the mouth when the letter is pronounced. The vowels are based on the three orders of heaven, earthm and man according to the principle of Yim and Yang(the cosmic dual forces). Hangeul is a set of phonetic symbols that incorporates sounds from Man as well as soonds from nature. Among the many alphabets of the world, Hangeul is known for it's scientific and systematic features.

1.2 To produce a syllable, consonant and vowel should be combined together, as follows:

V			아
CV	ㅂ + ㅣ	→	비
CVC	ㅁ + ㅏ + ㄹ	→	말

1.3 Phonetically, there are monophthongs and diphthongs in Korean vowels. For monophthongs, the lips and tongue do not move while articulating s sound, regardless of how long a speaker pronounces it. Monophthongs vary in the position (front/back and high/low) of the tongue and the degree to which the mooth is opened. There are 10 monophthongs : ㅏ, ㅓ, ㅗ, ㅜ, ㅡ, ㅣ, ㅐ, ㅔ, ㅚ, ㅟ. Diphthongs are vowels in which there is a change in sound during pronunciation, such as [wa]. There are 11 diphthongs : ㅑ, ㅕ, ㅛ, ㅠ, ㅒ, ㅖ, ㅘ, ㅙ, ㅝ, ㅞ ㅢ.

Position of tongue	Front	Mid	Back
Shape of mouth / Height of tongue	Unrounded / Rounded	Unrounded / Rounded	Unrounded / Rounded
High	ㅣ (ㅟ)	ㅡ	ㅜ
Central	ㅔ (ㅚ)	ㅓ	ㅗ
Low	ㅐ	ㅏ	

1.4

Consonants differ in the position and way of producing the sound.

Place of articulation Manner of articulation			bilabial	tongue-tip alveolar	alveo-palatal	velar	glottal
voiceless	plosive	simple	ㅂ	ㄷ		ㄱ	
		tensed	ㅃ	ㄸ		ㄲ	
		aspirated	ㅍ	ㅌ		ㅋ	
	affricate	simple			ㅈ		
		tensed			ㅉ		
		aspirated			ㅊ		
	fricative	simple		ㅅ			ㅎ
		tensed		ㅆ			
voiced	nasal		ㅁ	ㄴ		ㅇ	
	liquid			ㄹ			

2

2.1   The stroke of a vowel is ' ㅣ ' or ' ㅡ.' The order of writing is from top to bottom, and from left to right.

When a vowel has a vertical stroke (ㅣ), the consonant is placed to its left. When a vowel has a horizontal stroke (ㅡ), the consonant is placed on top. When the first sound is a vowel, the consonant ㅇ (이응), which is silent, is placed on the left side or above the vowel.

Simple vowels				
Letter	Sound value	Writing method		
아	a	ㅇ	이	아
어	ə	ㅇ	ㅇ	어
오	o	ㅇ	오	오
우	u	ㅇ	으	우
으	i	ㅇ	으	

Simple vowels				
Letter	**Sound value**	**Writing method**		
이	i	ㅇ	이	
애	ɛ	ㅇ	아	애
에	e	ㅇ	어	에
외	ø/we	ㅇ	오	외
위	y / yi	ㅇ	우	위

example: 이 아이 오이 아우 애기
이외에 이위에 위 이애 이에

2.2 The name and the writing method of consonants are as follows.

Consonant	Sound value	Name	Writing method of consonants
ㄱ	k	**기역**	ㄱ
ㄴ	n	**니은**	ㄴ
ㄷ	t	**디귿**	ㅡ ㄷ
ㄹ	l	**리을**	ㄱ ㄱ ㄹ
ㅁ	m	**미음**	ㅣ ㄱ ㅁ
ㅂ	p	**비읍**	ㅣ ㅣㅣ ㅐ ㅂ
ㅅ	s	**시옷**	ノ ㅅ
ㅇ		**이응**	ㅇ
ㅈ	ch	**지읒**	ㄱ ㅈ
ㅊ	ch'	**치읓**	ˉ ㅈ ㅊ
ㅋ	k'	**키읔**	ㄱ ㅋ
ㅌ	t'	**티읕**	ㅡ ㅡ ㅌ
ㅍ	p'	**피읖**	ㅡ ㅠ ㅍ
ㅎ	h	**히읗**	ㅗ ㅎ

2.3 Besides the previous 10 basic vowels, there are 11 more vowels.

Diphthongs			
Letter	Sound value	Letter	Sound value
ㅑ	ja	ㅘ	wa
ㅕ	jə	ㅙ	wɛ
ㅛ	jo	ㅝ	wo
ㅠ	ju	ㅞ	we
ㅒ	jɛ	ㅢ	ɨi
ㅖ	je		

example: 왜   여유   이유   여야   의자

         예외   의의   웨   예의   야유

2.4 Letters are also categorized into three groups according to aspiration (i.e., the burst of air when the stop closure is released) and articulatory strength: simple, aspirated, and tensed.

Simple	가 다 바 사 자
Aspirated	카 타 파 차
Tensed	까 따 빠 싸 짜

example: 기다   가다   개다   달   바르다
         키다   캐다   탈
         끼다   까다   깨다   딸   빠르다
         부르다   사다   시   자다   자
         푸르다   차다   차
         뿌리다   싸다   씨   짜다

2.5 Every consonant can be placed in the final-syllable position. However, there are only 7 sounds for final consonants: ㄱ, ㄴ, ㄷ, ㄹ, ㅁ, ㅂ, ㅇ. The other consonants change into one of these 7 sounds in the final position.

Final-syllable sounds	Final-syllable consonant	Sound value	Example
ㄱ	ㄱ, ㅋ	k	각, 부엌
ㄴ	ㄴ	n	눈
ㄷ	ㄷ, ㅅ, ㅈ, ㅊ, ㅌ, ㅎ	t	낟, 낫, 낮, 낯, 낱, 낳
ㄹ	ㄹ	l	쌀
ㅁ	ㅁ	m	봄
ㅂ	ㅂ, ㅍ	p	입, 잎
ㅇ	ㅇ	ŋ	공

2.6 It is possible to have two consonants in the final-syllable position. There are two ways of pronouncing these consonants : pronouncement of the first consonant and pronouncement of the second consonant.

Pronouncing the first consonant: ㄳ, ㄶ, ㄵ, ㄼ, ㄾ, ㅄ

example:　삯　　많다　　앉다　　여덟　　핥다　　값　　없다

Pronouncing the second consonant: ㄺ, ㄻ, ㄿ

example:　늙다　　닭　　삶다　　젊다　　읊다

나 오 는 사 람

톰슨 제임스
미국 기자

제임스의 하숙집 친구

요시다 리에
일본 은행원

제임스의 하숙집 친구

츠베토바 마리아
러시아 대학생

제임스의 반 친구

왕 웨이
중국 회사원 (연세 무역)

제임스의 반 친구

김미선
한국 대학원생

마리아의 방 친구/민철의 여자 친구

정민철
한국 여행사 직원

미선의 남자 친구

이영수
한국 대학생

제임스와 리에의 하숙집 친구

오정희
한국 회사원 (연세 무역)

웨이의 회사 동료

제1과  인사

01 안녕하십니까?

학습 목표 ● 과제 이름 말하기 ● 문법 입니다, 은/는 ● 어휘 이름

리에와 웨이가 무엇을 합니까?
리에와 웨이가 어떻게 이야기합니까?

🔊 CD1: 01~02

리에　　안녕하십니까?

웨이　　네, 안녕하십니까?

리에　　리에입니다.

웨이　　저는 웨이입니다.

안녕하십니까
hello

네
yes

저
I

2

이름 부르기

이은영 선생님, 이 선생님
최민수 씨, 민수 씨

1) 선생님과 친구들의 이름을 불러 보십시오.

성과 이름

1) 성과 이름을 찾으십시오.

[보기]

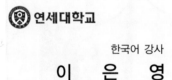

성: 이   이름: 은영

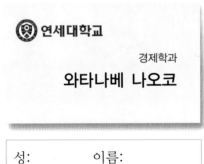

성: 이름:

2) 명함을 만드십시오.

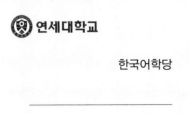

문법 연습

입니다

01 1) (   )을 채우십시오.

[보기] 저는 왕웨이(입니다).

❶ 저는 최민수(   ).

❷ 저는 인도 사람(   ).

❸ 존슨 씨는 선생님(   ).

2) 쓰고 읽으십시오.

리에입니다.

제임스   마리아   김미선   리에   왕웨이

-은/는

02 맞는 것에 O 표시를 하십시오.

[보기] 존슨 씨(은,(는)) 선생님입니다.

❶ 저(은, 는) 김미선입니다.

❷ 웨이 씨(은, 는) 중국 사람입니다.

❸ 은정 씨(은, 는) 선생님입니다.

❹ 선생님 이름(은, 는) 존슨입니다.

과제 1 말하기 • 제1과 인사

친구들과 인사를 하십시오.

[보기] 리에: 안녕하십니까?
웨이: 네, 안녕하십니까?
리에: 저는 리에입니다.
웨이: 저는 웨이입니다.

과제 2 듣고 말하기 [CD1: 03] •

01 듣고 이름을 쓰십시오.

❶ ....
❷ ....
❸ ....

02 세 사람이 인사하고 친구를 소개하십시오.

제 my   그리고 and   친구 friend   반갑습니다 glad to meet you

5

Dialogue

Rie	Hello.
Wei	Hello.
Rie	I'm Rie.
Wei	I'm Wei.

문법 설명

01 입니다

'이다' is attached to the end of a noun to make the noun function like a verb. It is used to express the identity or state of a subject, or to designate an object. '입니다' is used to politely speak to the listener.

- 이것은 제 책상입니다. This is my desk.
- 저는 학생입니다. I am a student.
- 이 아이가 제 딸입니다. This child is my daughter.
- 여기가 우리 집입니다. This is my house.
- 그분은 의사입니다. That person is a doctor.

02 은/는

This particle is used with a noun to denote the topic or theme of a sentence. When the noun ends in a consonant, use '-은'. When the noun ends in a vowel, use '-는'.

- 서울은 한국의 수도입니다. Seoul is the capital city of Korea.
- 저는 한국 사람입니다. I am Korean.

It is also used to express comparison or emphasis.

- 동생은 키가 큽니다. 저는 키가 작습니다.   My sister's tall. I'm short.
- 고기를 좋아합니다. 생선은 싫어합니다.   I like meat. (But) I don't like fish.

It can be attached to most case particles, except for subject and object particles which drops in case when this topic particle is used.

- 도서관에는 언제 갔습니까?   When did you go to the library?
- 이곳에서는 담배를 피울 수 없습니다.   You can't smoke here.
- 부모님에게만은 알리지 마세요.   Don't let my parents know about it.

02 어느 나라 사람입니까?

학습 목표 ● 과제 국적 말하기 ● 문법 입니까? ● 어휘 나라 이름

리에와 제임스가 무엇을 묻습니까?
리에와 제임스가 어떻게 질문합니까?

어느
which

나라
country

사람
person

미국
the United
States

중국
China

아니요
no

일본
Japan

그렇습니까
really

🔊 CD2: 04~05

리에　어느 나라 사람입니까?

제임스　미국 사람입니다. 리에 씨는 중국 사람입니까?

리에　아니요, 저는 일본 사람입니다.

제임스　아, 그렇습니까?

어휘

나라

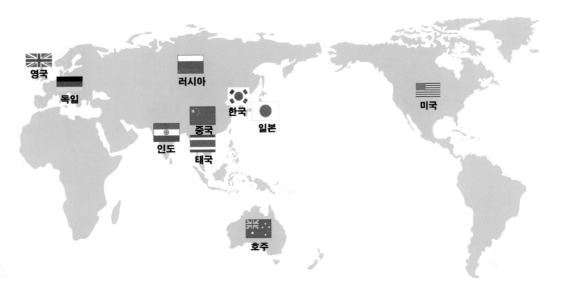

● 연결하십시오

[보기]　호주　●　―――――――――――――――――――●　

　　　　중국　●　　　　　　　　　　　　　　　　●　

　　　　한국　●　　　　　　　　　　　　　　　　●　

　　　　일본　●　　　　　　　　　　　　　　　　●　

　　　　미국　●　　　　　　　　　　　　　　　　●　

문법 연습

01

입니까?

1) 그림을 보고 질문하십시오.

[보기]

일본 사람입니까?

2) 그림을 보고 묻고 대답하십시오.

[보기]

가 : 미국 사람입니까?

나 : 아니요, 호주 사람입니다.

과제 1 쓰고 말하기 ●

01 여러분의 이름과 국적을 쓰십시오.

이름 ....

국적(나라) ....

02 [보기]와 같이 말하십시오.

[보기] 안녕하십니까?
제 이름은 로라입니다.
캐나다 사람입니다.

과제 2 듣고 쓰기 [CD1: 06] ●

● 듣고 연결하십시오.

세르게이 •   • 한국

김유진 •   • 캐나다

리카 •   • 일본

로라 •   • 러시아

국적 nationality   **캐나다** Canada   **에서** from   **왔습니다** came

Dialogue

Rie	Where (which country) are you from?
James	I'm American. Are you Chinese?
Rie	No, I'm not. I'm Japanese.
James	Oh, really?

문법 설명

01 입니까?

It is the interrogative form of '입니다.' A question mark is used at the end.

- 이분이 어느 나라 사람입니까? Which country is this person from?
- 지금이 두 시입니까? Is it two o'clock now?
- 여기가 신촌입니까? Is it Shinchon here?
- 이 책은 누구 책입니까? Whose book is this?

03 회사원이 아닙니다

학습 목표 ● 과제 직업 말하기 ● 문법 이/가 아니다 ● 어휘 직업 이름

웨이가 무엇을 묻습니까?
웨이가 어떻게 질문합니까?

회사원
office worker

그럼
then

학생
student

대학생
college student

CD1: 07~08

웨이 회사원입니까?

마리아 아니요, 회사원이 아닙니다.

웨이 그럼 학생입니까?

마리아 네, 대학생입니다.

어휘

직업

경찰	선생님
학생	가수
의사	
간호사	은행원
비서	기자
변호사	

● 그림을 보고 직업을 쓰십시오.

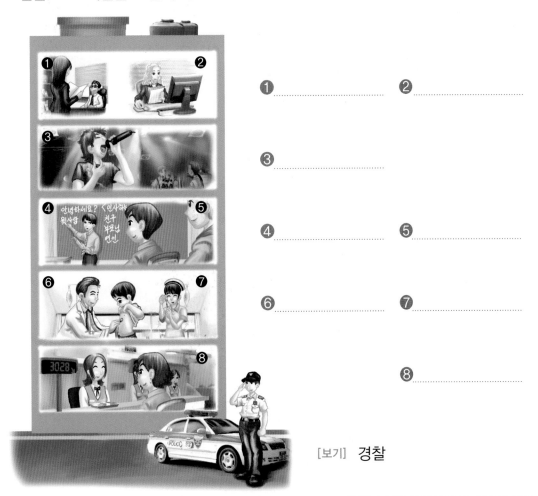

❶ .... ❷ ....

❸ ....

❹ .... ❺ ....

❻ .... ❼ ....

❽ ....

[보기] 경찰

문법 연습

01

이/가 아니다

1) 맞는 것에 O 표시를 하십시오.

[보기] 학생(ⓘ , 가) 아닙니다.

❶ 마리아(이, 가) 아닙니다.

❷ 한국 사람(이, 가) 아닙니다.

❸ 경찰(이, 가) 아닙니다.

❹ 의사(이, 가) 아닙니다.

2) 그림을 보고 묻고 대답하십시오.

[보기]

가: 경찰입니까?

나: 아니요, 경찰이 아닙니다.

가: 그럼 회사원입니까?

나: 네, 회사원입니다.

❶

가: 학생입니까?

나: 아니요, _____ .

가: 그럼 가수입니까?

나: 네, _____ .

❷

가: 간호사입니까?

나: 아니요, _____ .

가: 그럼 _____ ?

나: 네, _____ .

❸

가: 선생님입니까?

나: 아니요, ...

가: .... ?

나: 네, ...

❹

가: 가수입니까?

나: 아니요, ...

가: .... ?

나: 네, ...

과제 1	말하기

01 자신의 직업을 말하십시오.

[보기] 안녕하십니까?
저는 마리아입니다.
학생입니다.

02 묻고 대답하십시오.

[보기] 제임스: 마리아 씨는 대학생입니까?
마리아: 네, 저는 대학생입니다. / 아니요, 저는 기자입니다.

과제 2	듣고 쓰기 [CD1: 09] ●

01 듣고 직업에 표시하십시오.

❶ 김유진 　□ 가수 　□ 회사원 　□ 기자 　□ 은행원
❷ 토마스 　□ 경찰 　□ 은행원 　□ 회사원 　□ 교수
❸ 왕명 　□ 교수 　□ 비서 　□ 변호사 　□ 의사

02 일하는 곳을 쓰십시오.

❶ 김유진
❷ 토마스
❸ 왕명

그런데 by the way, now　**무엇** what　**하십니까?** do you do?　**교수** professor
을/를 (a case particle which is attached to a noun to show that it is the object of the sentence)

Dialogue

Wei	Are you an office worker?
Maria	No, I'm not an office worker.
Wei	Then, are you a student?
Maria	Yes, I'm a college student.

문법
설명

01 이/가 아니다

It is used with a noun. It is the negation of '이다.' When the noun ends in a consonant, use '이 아니다'. When the noun ends in a vowel, use '가 아니다'.

- 저는 일본 사람이 아닙니다.   I'm not Japanese.
- 존슨 씨는 의사가 아닙니다.   Mr. Johnson is't a doctor.
- 이것은 교과서가 아닙니다.   This is't a text book.
- 린다 씨는 선생님이 아닙니다.   Miss Linda is't a teacher.
- 우리 어머니는 한국 사람이 아닙니다.   My mother is't a Korean.

04 반갑습니다

학습 목표 ● 과제 인사 나누기 ● 문법 −습니다, −습니까? ● 어휘 동사 1

웨이가 무엇을 합니까?
웨이가 어떻게 이야기합니까?

CD1: 10~11

미선   누구입니까?

웨이   제 친구 이영수입니다.

미선   처음 뵙겠습니다. 김미선입니다.

영수   안녕하십니까? 반갑습니다.

누구
who

**처음
뵙겠습니다**
Nice to
see(meet) you

반갑다
to be glad to
meet

어휘

동사 1

| 가다 | 오다 | 만나다 | 인사하다 | 자다 |
| 먹다 | 입다 | 듣다 | 읽다 | 쓰다 |

● 연결하십시오.

[보기] 오다 　　　 듣다 　　　 먹다 　　　 쓰다 　　　 자다 　　　 인사하다

문법 연습

01

-습니다, -습니까?

쓰십시오.

가다	만나다	인사하다	읽다
듣다	쓰다	먹다	자다	입다

[보기 1] 인사합니다.

[보기 2] 인사합니까?

❶

❷

❸

❹

❺

02

위 그림을 보고 묻고 대답하십시오.

[보기] 가: 인사합니까?

나: 네, 인사합니다.

과제 1 말하기 ●

친구를 소개하고 인사하십시오.

[보기] 제임스: 안녕하십니까? 리에 씨.

리에: 네, 안녕하십니까? 제임스 씨.

제임스: 제 친구 웨이입니다.

웨이: 처음 뵙겠습니다. 웨이입니다.

리에: 반갑습니다. 리에입니다.

웨이: 리에 씨는 한국 사람입니까?

리에: 아니요, 일본 사람입니다.

과제 2 듣고 쓰기 [CD1: 12] ●

01 듣고 이야기하는 사람의 이름을 쓰십시오.

....

....

02 듣고 쓰십시오.

안녕하십니까? ....

네, 안녕하십니까? ....

학교에 .... ?

.... , 학교에 ....

학교 school   에 to

과제 2

03 듣고 맞는 그림에 O 표시를 하십시오.

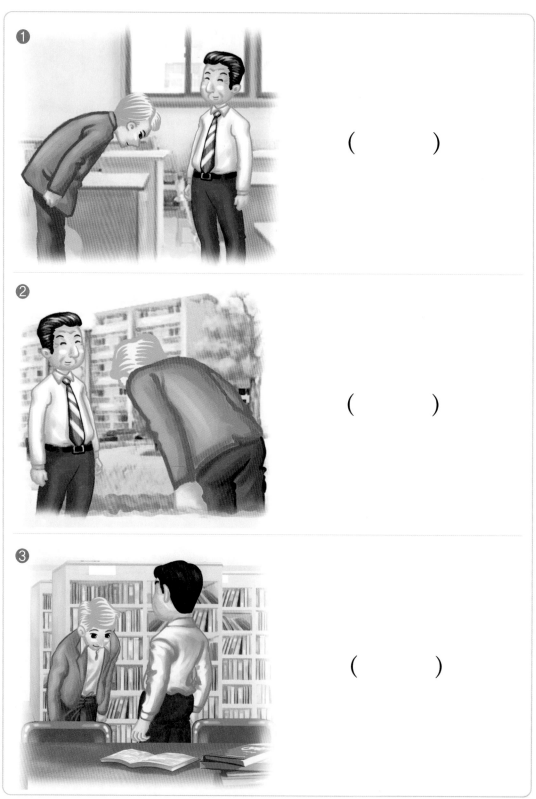

❶ (　　　)

❷ (　　　)

❸ (　　　)

Dialogue

Misun	Who is this?
Wei	This is my friend Youngsoo Lee.
Misun	Nice to see(meet) you. I'm Misun Kim.
Youngsoo	Nice meeting you.

문법 설명

01 –습니다/ㅂ니다

This final ending is used with a verb stem to formally explain or declare something to a listener. When the verb stem ends in a vowel, use '–ㅂ니다'. When the verb stem ends in a consonant, use '–습니다'.

• 학교에 갑니다.	I go to school.
• 저는 키가 큽니다.	I'm tall.
• 만나서 반갑습니다.	It's nice to meet you.
• 책이 있습니다.	There is a book.
• 의자가 없습니다.	There isn't a chair.

02 –습니까/ㅂ니까?

This final ending is used with a verb stem to formally ask a question. When the verb stem ends in a vowel, use '–ㅂ니까?'. When the verb stem ends in a consonant, use '–습니까?'.

• 무엇을 합니까?	What do you do?
• 어디에 갑니까?	Where are you going?
• 사전이 있습니까?	Is there a dictionary?
• 한국 친구가 없습니까?	Don't you have a Korean friend?
• 시간이 많습니까?	Do you have much time?

05 정리해 봅시다

● 읽어 봅시다 [CD1: 13]

1. 안녕하십니까?

2. 그렇습니까?

3. 회사원이 아닙니다

4. 처음 뵙겠습니다

● 확인해 봅시다

01 빈칸에 알맞은 단어를 쓰십시오.

| 한국 | 은행원 | 태국 | 러시아 | 비서 | 변호사 | 인도 | 간호사 | 영국 | |
| 학생 | 중국 | 선생님 | 미국 | 가수 | 일본 | 의사 | 기자 | 호주 | 독일 |

직업	국적

02 게임을 합시다.

❶ 직업/국적을 5개씩 쓰십시오.

❷ 한 사람씩 자신이 쓴 직업/국적을 하나씩 말하십시오.

❸ 듣고 같은 직업/국적이 있으면 지우십시오.

　(제일 먼저 다 지운 사람이 이깁니다.)

1) 직업 ＿＿＿＿＿＿ / ＿＿＿＿＿ / ＿＿＿＿＿ / ＿＿＿＿＿ /

2) 국적 ＿＿＿＿＿＿ / ＿＿＿＿＿ / ＿＿＿＿＿ / ＿＿＿＿＿ /

정리

II

맞는 것을 고르십시오.

> [보기] 저(은, 는) 한국 사람입니다.

❶ 제 친구(은, 는) 마이클입니다.

❷ 저는 경찰(이, 가) 아닙니다.

❸ 어느 나라 사람(입니다, 입니까?)

❹ 가: 의사입니까?

　 나: 아니요, 의사(입니다, 가 아닙니다).

❺ 리에 씨는 옷을 (입니다, 입습니다).

❻ 마리아 씨는 러시아에 (갑니다, 가습니다).

III

01 자기소개를 쓰십시오.

[보기]

이름 : 마이클 존슨
국적 : 미국
직업 : 회사원

안녕하십니까? 반갑습니다.
저는 마이클 존슨입니다.
미국 사람입니다.
저는 회사원입니다.

이름 :
국적 :
직업 :

02 친구들에게 자기소개를 하십시오.

제임스가 본 한국

Korean names

Usually, Korean names have three syllables. One is for the family name, and two others for the given name. You write the family name first, and then the given name. For example, my friend 'Kim Misun' has the family name 'Kim', and the given name 'Misun'. This is opposite from the order of Amercan names. While many Western family names reflect an ancestor's traits or occupation, Korean family names show one's family line. Misun told me that there's a book that has all the Korean family names recorded. There are 270 Korean family names in all, among which Kim is most common, followed by Lee, Park, and Choi.

한국 이름을 압니까? 써 봅시다.

여자	남자
김 미 선	이 영 수

Korean greeting manners.

Koreans usually bow to greet each other, and especially when greeting those of higher status. When you need to be extra courteous, you bow by bending your body at the waist. If the person is your friend or you are similar age, then you can bow slightly or just wave your hand.

In addition, these days more people-especially men-shake hands with each other. When you meet with a person of higher status, or when you want to be courteous, put your left hand under your right hand when shaking hands. When I meet my teacher I bow, bending my body at the waist. When I meet Misun, I simply bow by bending my head. When I met Misun's father, I shook hands with him using one hand just like I do in the states ; later I was very embarrassed when I learned that I should have used both hands.

여러분도 그림과 같이 인사해 보십시오.

제2과 학교와 집

01 이것이 교과서입니까?

학습 목표 ● 과제 물건 이름 말하기 ● 문법 이/가, 이, 그, 저 ● 어휘 물건 이름

여기가 어디입니까?
마리아가 어떻게 질문합니까?

점원
(store) clerk

이것
this (thing)

교과서
textbook

그렇다
(it) is so

저것
that (thing)

사전
dictionary

🔊 CD1: 14~15

마리아   이것이 교과서입니까?

점원   네, 그렇습니다.

마리아   그럼 저것은 무엇입니까?

점원   사전입니다.

어휘

물건

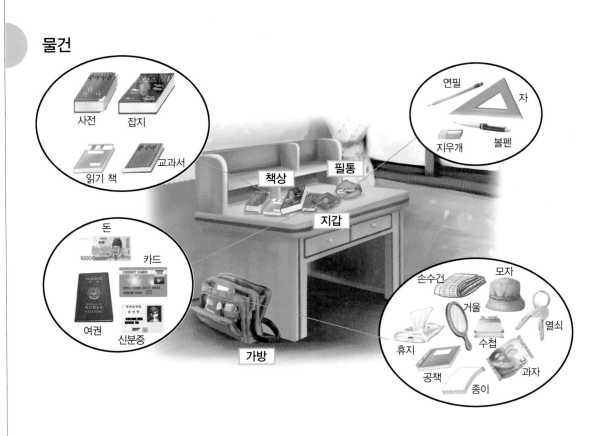

● 알맞게 연결하십시오.

[보기] 연필   사전   카드   지우개   휴지   돈   자   수첩

문법 연습

이/가

01 맞는 것에 O 표시를 하십시오.

[보기] 이것(이, 가) 책입니다.

❶ 친구(이, 가) 한국 사람입니다.
❷ 이름(이, 가) 김미선입니다.
❸ 미선 씨(이, 가) 인사합니다.
❹ 리에 씨(이, 가) 갑니다.

이, 그, 저

02 1) 그림을 보고 빈칸을 채우십시오.

• 이것
• 이 볼펜
  ....

• 그것
•
  ....

• 저것
•
  ....

2) 그림을 보고 대화를 완성하십시오.

[보기]

웨이: 이것이 사전입니까?

미선: 네, 사전입니다.

❶

웨이: 그 책이 읽기 책입니까?

미선: 네, ...

❷

웨이: 저 사람이 미국 사람입니까?

미선: 아니요, ...

❸

웨이: 이것이 무엇입니까?

미선: ....

❹

웨이: .... 가방입니까?

미선: 네, ...

❺

웨이: .... ?

미선: ....

01 그림을 보고 묻고 대답하십시오.

[보기] 가: 이것이 무엇입니까?

나: .... 입니다.

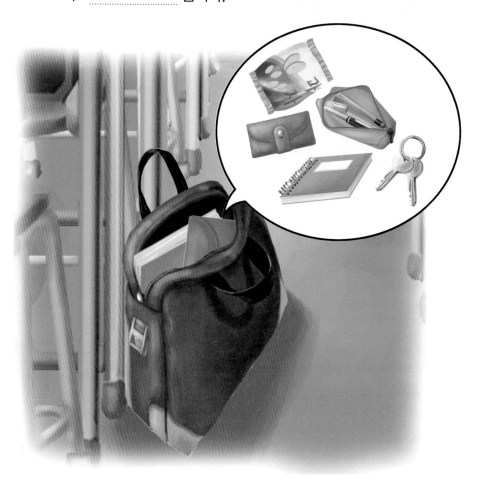

02 물건의 이름을 묻고 대답하십시오.

[보기1] 가: 그것이 연필입니까?

나: 네, 연필입니다.

[보기2] 가: 그것이 연필입니까?

나: 아니요, 연필이 아닙니다.

볼펜입니다.

듣고 말하기 [CD1: 16]

01 듣고 사람 이름을 쓰십시오.

02 친구들의 물건을 모으고 누구 물건인지 묻고 대답하십시오.

[보기] 가: .... 씨 연필입니까?

나: 네, 제 연필입니다. / 아니요, 제 연필이 아닙니다.

저건 that (thing) over there   **여기** here   **있다** to exist

Dialogue

Maria	Is this a textbook?
(store)Clerk	Yes, it's a textbook.
Maria	Then what is that?
(store)Clerk	That's a dictionary.

문법 설명

01 이/가

This particle is used with a noun to indicate that the noun is the subject of the sentence. When the noun ends in a consonant, use '이'. When it ends in a vowel, use '가'.

- 이것이 책상입니다.   This is a desk.
- 여기가 학교입니다.   This is a school.
- 이것이 책입니까?   Is this a book?
- 친구가 많습니다.   I have a lot of friends.
- 의자가 없습니다.   There is no chair.

When it is used with the personal pronouns 나, 너, 저 and the interrogative pronoun 누구, it changes to '내가', '네가', '제가', or '누가.'

- 나 → 내 + 가   내가 말했습니다.   I spoke.
- 저 → 제 + 가   제가 김영수입니다.   I am Kim Youngsoo.
- 너 → 네 + 가   네가 가?   Are you going?
- 누구 → 누 + 가   누가 왔습니까?   Who came?

02 이, 그, 저

• 이

This adnominal form is used in front of a noun to refer to something close to the speaker.

- 이 책이 사전입니까?　　　　　　Is this book a dictionary?
- 이 연필이 제 연필입니다.　　　　This pencil is mine.

It is also used to refer to the fact just mentioned.

- 이 이야기를 누가 압니까?　　　　Who knows about this matter?
- 이 사실을 이야기하지 마세요.　　Don't talk about this matter.

• 그

This adnominal form is used in front of a noun to refer to something close to the listener.

- 그 책은 교과서입니다.　　　　　The book is a textbook.
- 그 연필을 나에게 주십시오.　　　Give me the pencil.

It can be also used to refer to something that the speaker and the listener both know or the fact mentioned before.

- 아까 그 남자가 누구입니까?　　　Who is the man (who was here) just now?
- 요즘 그 영화를 안 본 사람이 없어요.　These days, there is no one who hasn't seen that movie.

• 저

It is used with a noun to refer to something that is far from both the speaker and the listener.

- 나는 저 사람을 압니다.　　　　　I know that man over there.
- 저 건물이 우리 학교입니다.　　　That building over there is our school.

02 지도도 있습니까?

학습 목표 ● 과제 교실 물건 말하기 ● 문법 도, 있다, 없다 ● 어휘 교실 사물 이름, 형용사 1

여기가 어디입니까?
여기에 무엇이 있습니까?

🔊 CD1: 17~18

영수   달력이 있습니까?

마리아   네, 있습니다.

영수   지도도 있습니까?

마리아   아니요, 없습니다.

달력
calendar

지도
map

없다
not to exist

어휘

교실 물건

● 여러분 교실에 무엇이 있습니까? 쓰십시오.

(   ), (   ), (   ), (   ), (   )

형용사 1

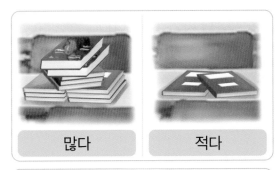

많다   적다   크다   작다

(날씨가) 좋다   (날씨가) 나쁘다

어휘

그림을 보고 맞는 문장에 O 표시를 하십시오.

[보기]

책이 많습니다.　　　(　　)
책이 적습니다.　　　(　○　)

❶

텔레비전이 큽니다.　(　　)
텔레비전이 작습니다.　(　　)

❷
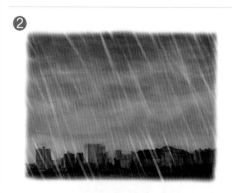

날씨가 좋습니다.　　(　　)
날씨가 나쁩니다.　　(　　)

❸

주스가 많습니다.　　(　　)
주스가 적습니다.　　(　　)

문법 연습

도

01 알맞은 말을 쓰십시오.

[보기] 학교가 좋습니다. 교실(도) 좋습니다.

❶ 마리아 씨는 학생입니다. 정희 씨(   ) 학생입니다.

❷ 문이 있습니다. 창문(   ) 있습니다.

❸ 러시아가 큽니다. 캐나다(   ) 큽니다.

❹ 민철 씨는 잡니다. 영수 씨(   ) 잡니다.

있다, 없다

02 묻고 대답하십시오.

[보기] 가: 칠판이 있습니까?   가: 그림이 있습니까?

나: 네, 칠판이 있습니다.   나: 아니요, 그림이 없습니다.

❶ 의자   ❷ 옷걸이   ❸ 창문   ❹ 달력   ❺ 지도

과제 1 말하고 쓰기

01 다음 물건이 교실에 있는지 묻고 대답하여 표를 채우십시오.

[보기 1] 가: 책상이 있습니까?　　　　　　[보기 2] 가: 잡지가 있습니까?
　　　　나: 네, 있습니다.　　　　　　　　　　　　　나: 아니요, 없습니다.
　　　　가: 의자도 있습니까?　　　　　　　　　　　가: 사전은 있습니까?
　　　　나: ⋯⋯⋯⋯⋯⋯⋯⋯⋯⋯⋯⋯　　　　　　나: ⋯⋯⋯⋯⋯⋯⋯⋯⋯⋯⋯⋯

	물건	
1	책상	○
2	의자	
3	사전	
4	그림	
5	잡지	
6	칠판	
7	창문	
8	텔레비전	
9	옷걸이	

02 교실 물건을 소개하는 글을 쓰십시오.

[보기] 책상이 있습니다. 의자가 있습니다. 칠판도 있습니다. 텔레비전도 있습니다.
　　　사전은 없습니다. 잡지도 없습니다.

과제 2 　읽고 쓰기 ●

01 읽고 맞는 그림을 고르십시오. (　　　)

> 정희 씨 가방이 큽니다. 이 가방에는 지갑하고 사전이 있습니다. 수첩
> 도 있습니다. 이 가방은 주머니가 많습니다. 이 가방은 좋습니다.

❶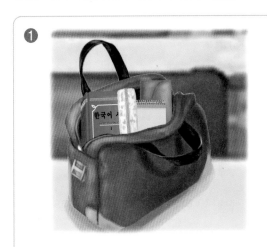
❷
❸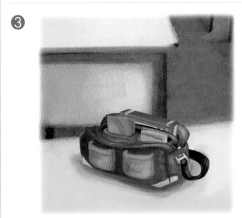
❹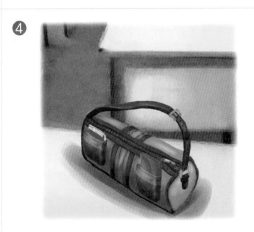

02 여러분의 가방에 대해 다음 표를 채우고 위와 같이 쓰십시오.

	크다/작다	있다	좋다/나쁘다
[보기] 정희 씨 가방	크다	지갑, 사전, 수첩	좋다
내 가방			

물건 thing(s)　　**에는** in　　**하고** and　　**주머니** pocket

Youngsoo	Is there a calendar?
Maria	Yes, there is.
Youngsoo	Is there a map, also?
Maria	No, there isn't.

문법 설명

01 도

This particle is used with a noun to express additional information.

- 책상이 있습니다. 의자도 있습니다.   There is a desk. There is also a chair.
  시계도 있습니다.   There is also a clock.
- 책이 많습니다. 그림도 많습니다.   There are many books. There are many pictures, too.
- 학교가 큽니다. 교실도 큽니다.   The school is big. The classroom is also big.
- 농구를 합니다. 야구도 합니다.   I play basketball. I play baseball, too.
- 이름을 압니다. 주소도 압니다.   I know the name. I also know the address.

To indicate a certain place or location, use with '에', '에서.'

- 산에 갑니다. 바다에도 갑니다.   I go to the mountain. I also go to the sea.
- 도서관에서 공부합니다.   I study at the library. I also study at home.
  집에서도 공부합니다.

02 있다, 없다

The verb 있다 has the basic meaning "to exist". The negative form of this verb is '없다' ("not to exist").

• 친구가 있습니다.	I have friends.
• 시계가 있습니다.	I have a clock.
• 그림이 없습니다.	There is no picture.
• 질문이 있습니까?	Do you have a question?
• 돈이 없습니까?	Don't you have any money?

When the subject is an esteemed individual, use '계시다' instead of '있다.'

• 선생님이 계십니다.	There is a teacher.
• 의사 선생님이 계십니다.	There is a doctor.
• 부모님이 계십니까?	Are there parents?
• 아버지가 안 계십니다.	Father has passed away.
• 김 교수님이 안 계십니다.	Professor Kim is not there.

03 은행이 어디에 있습니까?

학습 목표 ● 과제 학교 시설물 위치 말하기 ● 문법 에¹ ● 어휘 장소 명사, 위치 관련 어휘

마리아가 무엇을 묻습니까?
마리아가 어떻게 질문합니까?

🔊 CD1: 19 ~ 20

마리아	은행이 어디에 있습니까?
영수	학생회관에 있습니다.
마리아	학생회관은 어디에 있습니까?
영수	도서관 앞에 있습니다.

은행
bank

어디
where

학생회관
student center

도서관
library

앞
in front of

어휘

장소

교실	화장실	식당
서점	우체국	사무실

● 알맞게 연결하십시오.

[보기] 서점　　　교실　　　사무실　　　화장실　　　우체국　　　식당

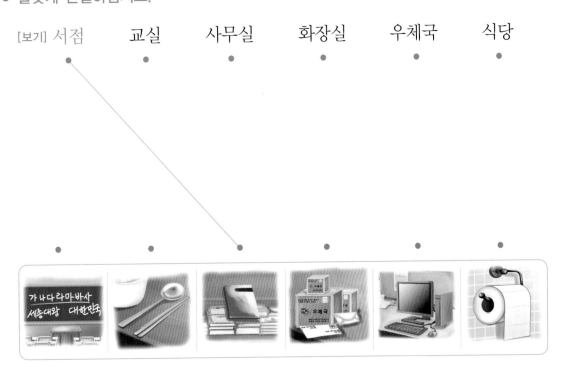

위치

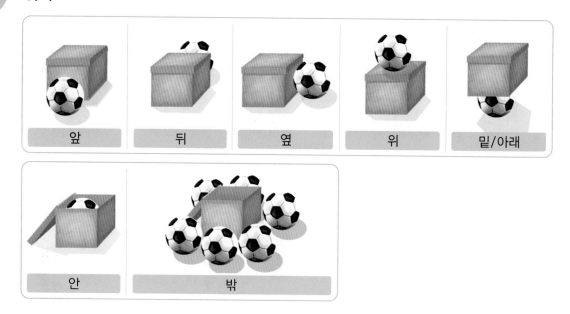

● 그림을 보고 쓰십시오.

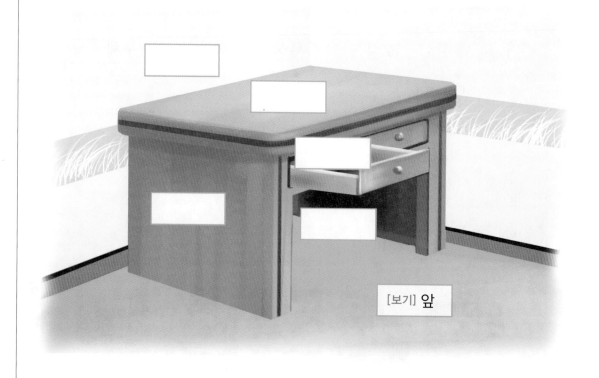

[보기] 앞

문법 연습

01

에¹

1) 문장을 만드십시오.

[보기] 의자 / 교실 / 있습니다
    → 의자가 교실에 있습니다.

❶ 사전 / 서점 / 있습니다

→ ....

❷ 컴퓨터 / 사무실 / 없습니다

→ ....

❸ 학생 / 도서관 / 있습니다

→ ....

❹ 텔레비전 / 교실 / 없습니다

→ ....

2) 묻고 대답하십시오.

[보기] 가: 웨이가 어디에 있습니까?
    나: 화장실에 있습니다.

❶ 리에
❷ 영수
❸ 마리아

과제 1   말하기

01   '가' 학생은 'B' 그림을 가리고, '나' 학생은 'A' 그림을 가리고 묻고 대답하십시오.

A

질문하십시오.
컴퓨터, 사전, 컵, 우유

[보기1] 가: 컴퓨터가 어디에 있습니까?

나: 책상 위에 있습니다.

B

질문하십시오.
신문, 전화, 맥주, 옷

[보기2] 나: 신문이 어디에 있습니까?

가: 책상 위에 있습니다.

컴퓨터 computer   **컵** cup   **우유** milk   **신문** newspaper   **전화** telephone   **맥주** beer   **옷** clothes   **침대** bed   **냉장고** refrigerator

01 읽고 맞으면 O, 틀리면 X 표시를 하십시오.

학생회관에 서점이 있습니다. 은행도 있습니다.

서점은 1층에 있습니다. 은행은 지하에 있습니다.

학생회관 앞에 도서관이 있습니다.

도서관 지하에 식당이 있습니다.

식당에 사람이 많습니다.

❶ 은행은 서점 뒤에 있습니다.　　　　　　　　　(　　　)

❷ 학생회관 지하에 서점이 있습니다.　　　　　　(　　　)

❸ 식당은 도서관 1층에 있습니다.　　　　　　　(　　　)

❹ 도서관은 학생회관 옆에 있습니다.　　　　　　(　　　)

02 그림을 보고 앞 글과 같이 쓰십시오.

학생회관에 ....

1층에 ....

지하에는 ....

.... 우체국이 있습니다.

1층 the first floor   **지하** underground

Dialogue

Maria	Where's the bank?
Youngsoo	It's in the student center.
Maria	Where's the student center?
Youngsoo	It's in front of the library.

문법
설명

01 에[1]

This particle is used with a place noun to indicate the location of a person or thing. It is used with '있다', '없다', etc.

- 친구가 미국에 있습니다.　　　My friend is in the USA.
- 교실에 텔레비전이 없습니다.　　There is no television in the classroom.
- 고양이가 방에 없습니다.　　　There is no cat in the room.
- 설악산이 강원도에 있습니다.　　Mt. Seorak is in Gangwon province.
- 지갑에 돈이 많습니다.　　　　There is a lot of money in the wallet.

04 집이 어디입니까?

학습 목표 ● 과제 집 위치 말하기 ● 문법 하고 ● 어휘 장소 이름

영수가 무엇을 묻습니까?
영수는 어떻게 질문합니까?

🔊 CD1: 21~22

영수   집이 어디입니까?

마리아   신촌입니다.

영수   집 근처에 무엇이 있습니까?

마리아   백화점하고 지하철역이 있습니다.

집
house

근처
near, around

백화점
department store

지하철
subway

역
station

어휘

장소

백화점 극장 병원 약국

회사 가게 공원 시장

● 관계가 있는 단어를 쓰십시오.

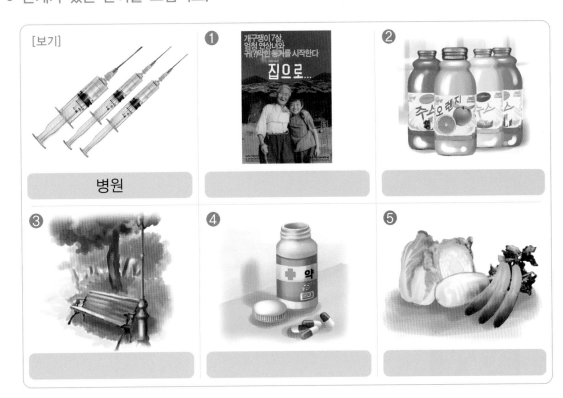

[보기]

병원

❶

❷

❸

❹

❺

문법 연습

01

1) 묻고 대답하십시오.

[보기] **집**

가: 집 근처에 무엇이 있습니까?

나: 집 근처에 우체국하고 백화점이 있습니다.

❶ 극장

❷ 지하철역

❸ 공원

❹ 병원

02 이야기하십시오.

[보기] 교실

교실에 책상하고 칠판하고 지도가 있습니다.

❶ 방
❷ 가방
❸ 학생회관
❹ 학교 앞

과제 1 말하기 ●

친구의 집을 묻고 대답하십시오.

[보기] 제임스: 민철 씨, 집이 어디입니까?

민철: 잠실입니다.

제임스: 집 근처에 무엇이 있습니까?

민철: 백화점하고 롯데월드가 있습니다.

● 읽고 대답하십시오.

> 마리 씨 집은 봉원동에 있습니다.
>
> 봉원동은 연세대학교 근처에 있습니다.
>
> 집 옆에는 교회가 있습니다.
>
> 집 앞에는 가게가 있습니다.
>
> 가게 옆에 웨이 씨 집이 있습니다.
>
> 집 근처에는 공원이 있습니다. 공원이 참 좋습니다.

01 맞으면 O, 틀리면 X 표시를 하십시오.

❶ 마리 씨 집은 연세대학교 근처에 있습니다.   (   )

❷ 마리 씨 집 옆에 가게가 있습니다.   (   )

❸ 웨이 씨 집은 마리 씨 집 앞에 있습니다.   (   )

❹ 웨이 씨 집은 봉원동에 있습니다.   (   )

❺ 웨이 씨 집은 가게입니다.   (   )

02 알맞은 대답을 쓰십시오.

❶ 마리 씨 집은 어디입니까?

----

❷ 마리 씨 집 근처에는 무엇하고 무엇이 있습니까?

교회 church   참 really

Dialogue

Youngsoo	Where do you live?
Maria	In Sinchon.
Youngsoo	What's around your house?
Maria	There's a department store and a subway station.

문법 설명

01 하고

This particle is used to link two or more nouns. The meaning is the same as '그리고.'

• 책하고 공책이 있습니다.	There is a book and a notebook.
• 빵하고 김밥을 먹습니다.	I eat bread and kimbab.
• 아버지하고 어머니가 계십니다.	There is father and mother.
• 가방하고 구두를 삽니다.	I buy a bag and shoes.
• 한국말하고 일본말을 공부합니다.	I study Korean and Japanese.

정리해 봅시다

● 읽어 봅시다 [CD1: 23]

1. 저것은 사전입니다

2. 달력이 있습니까?

3. 도서관 앞에 있습니다

4. 백화점하고 지하철역이 있습니다

● 확인해 봅시다

I

01 단어를 만드십시오.

창	약	우	문	책	사	전
국	의	체	자	맥	삼	컴
지	신	국	우	주	필	퓨
갑	통	냉	장	고	지	터
필	문	유	연	화	가	전
볼	펜	거	울	우	개	방

[보기] 약국

☹ ~10개   😐 11개~14개   ☺ 15개~

정리

02 방에 무엇이 있습니까? 모두 쓰십시오. (15개 이상)

책상

II

01 빈칸에 쓰십시오.

도   에   은/는   이/가   하고

❶ 책상(   ) 많습니다. 의자(   ) 많습니다.

❷ 잡지(   ) 책상 위(   ) 있습니다.

❸ 지갑 안(   ) 카드(   ) 없습니다.

❹ 학생회관(   ) 우체국(   ) 식당(   ) 있습니다.
약국(   ) 없습니다.

02 맞는 것에 O 표시를 하십시오.

저는 에드워드 브라운(입니다, 있습니다). 저는 미국 사람(입니다,
있습니다). 집이 미국에 (입니다, 있습니다). 저는 회사원(입니다,
있습니다). 회사 이름이 '대한 컴퓨터'(입니다, 있습니다). 회사에
컴퓨터가 (입니다, 있습니다). 책상도 (입니다, 있습니다). 회사원이
많습니다. 한국 사람도 (입니다, 있습니다). 저는 한국 친구도 (입니
다, 있습니다). 그 친구 이름이 민수(입니다, 있습니다).

Ⅲ

01 다음 글을 앞 그림에 맞게 고치십시오.

우리 집이 신촌에 <u>입니다.</u>
    　　　　　 [보기] 있습니다.

우리 집 근처에는 병원이 있습니다. 백화점도 있습니다. 우체국은 없습니다.

제 방에는 창문이 있습니다. 창문 옆에 책상이 있습니다.

책상 앞에 컴퓨터하고 전화가 있습니다. 책상 뒤에는 의자가 있습니다.

책상 위에 사전하고 지갑하고 필통이 있습니다. 신문도 있습니다.

연필하고 지우개가 필통 아래에 있습니다.

가방이 의자 옆에 있습니다. 그 가방은 큽니다. 가방 안에 신문이 있습니다.

냉장고 안에 맥주하고 우유하고 주스가 있습니다.

냉장고 옆에 그림이 있습니다.

02 자신의 방을 그리고 설명하십시오.

Where shall we go this weekend?

Where should we go this weekend? I'll show you some places to visit. If you want to see old Seoul, go to the old palaces and Insadong. There are five old palaces in Seoul: Kyeongbok-goong, Duksu-goong, Changduk-goong, Changgyeong-goong, and Chongmyo, all located in downtown Seoul. These palaces are where kings used to live. They are loved by many people because of their beautiful scenery.

If you go to Insadong, you can see various Korean traditional items, souvenirs, and china. You can enjoy the charm of Korea by visiting Korean restaurants and teahouses. If you want to see the night life, visit Shinchon. In Shinchon there are several universities such as Yonsei, Ewha Women's, Sogang, and Hongik. There are many restaurants, drinking houses, and bars which are always filled with young people.

여기가 어디입니까? 어디에 가고 싶습니까?

Where is Korea located?

Korea is located in the Korean Peninsula on the eastern coast of Asia. Because of its location, Korea plays an important role in the political, economic, and cultural exchanges of East Asia.

The Korean Peninsula is about 1,100km in length from north to south, and it's total size is 220,000km², of which South Korea takes up about 99,000km². Although the Republic of Korea is only about the size of Pennsylvania, its population is bigger than 40 million ; Korea has the third highest population density in the world following Bangladesh and Taiwan. North Korea, on the contrary, has only half the size of the population of the South, even though the area of its land is similar to that of the South.

한국 근처에 어느 나라가 있습니까? 나라 이름을 쓰십시오.

제3과 가족과 친구

01 가족 사진을 봅니다

학습 목표 ● 과제 지금 하고 있는 일 말하기 ● 문법 을/를 ● 어휘 동사 2

여기가 어디입니까?
두 사람이 무엇을 합니까?

🔊 CD1: 24 ~ 25

민철 　 제임스 씨, 무엇을 합니까?

제임스 　 가족 사진을 봅니다.

민철 　 사진을 자주 봅니까?

제임스 　 아니요, 가끔 봅니다.

하다
to do

가족
family

사진
picture

보다
to see

자주
often

가끔
sometimes

어휘

동사 2

일(을) 하다   공부(를) 하다   숙제(를) 하다

이야기(를) 하다   노래(를) 하다   운동(을) 하다   산책(을) 하다

● 그림을 보고 쓰십시오.

[보기]
노래합니다.

문법 연습

을/를

01 맞는 것에 O 표시를 하십시오.

[보기] 저는 공책(을, 를) 삽니다.

❶ 저는 옷(을, 를) 입습니다.

❷ 한국 사람은 밥(을, 를) 먹습니다.

❸ 정희 씨는 교과서(을, 를) 읽습니다.

❹ 제임스 씨는 노래(을, 를) 듣습니다.

02 대답을 쓰십시오.

[보기] 가: 무엇을 삽니까? (연필)
　　　 나: 연필을 삽니다.

❶ 가: 무엇을 먹습니까? (김치)
　 나: ....

❷ 가: 무엇을 봅니까? (영화)
　 나: ....

❸ 가: 무엇을 읽습니까? (책)
　 나: ....

❹ 가: 누구를 만납니까? (친구)
　 나: ....

과제 1 말하고 쓰기

01 묻고 대답하십시오.

[보기] 가: 웨이 씨는 무엇을 합니까?
나: 노래를 합니다.

영수

리에

마리아

제임스

웨이

02 그림을 보고 쓰십시오.

[보기] 영수 씨는 산책을 합니다. 리에 씨는 책을 읽습니다.

과제 2 말하기

01 친구와 묻고 대답하고 표시하십시오.

[보기] 음악을 자주 듣습니까?

네, 자주 듣습니다. / 아니요, 가끔 듣습니다.

	날마다	자주	가끔
음악	✓		
운동			
숙제			
산책			
책			
노래			

02 표를 보고 친구의 이야기를 하십시오.

[보기] ....씨가 음악을 날마다 듣습니다. 운동도 날마다 합니다. 숙제도 날마다 합니다. 산책을 가끔 합니다. 노래도 가끔 부릅니다. 책을 자주 읽습니다.

음악 music **날마다** everyday **부르다** to sing

Dialogue

Mincheol	What are you doing?
James	I'm looking at pictures.
Mincheol	Do you look at pictures often?
James	No, just sometimes.

문법 설명

01 을/를

'을/를' is attached to a noun to show that it is the object of the sentence. If the noun ends in a consonant, use '을,' and if the noun ends in a vowel, use '를.'

- 그분은 신문을 봅니다. — That person is reading the paper.
- 이 아이는 빵을 좋아합니다. — This child likes bread.
- 학생들이 노래를 잘 부릅니다. — The students sing the song well.
- 나는 친구를 기다립니다. — I am waiting for a friend.
- 점심에는 보통 김밥을 먹습니다. — I usually eat kimbab for lunch.

02 부모님은 어디에 계십니까?

학습 목표 ● 과제 가족 소개하기 ● 문법 –으시– ● 어휘 가족 명칭, 존대 어휘, 수 1 (하나~열)

몇
how many

명
counting unit
for people

아버지
father

어머니
mother

누나
older sister

모두
all

넷/ 네
four

부모님
parents

계시다
to be

고향
hometown

두 사람이 무슨 이야기를 합니까?
민철이 어떻게 질문합니까?

◀)) CD1: 26 ~ 27

민철   가족이 몇 명입니까?

제임스   아버지, 어머니, 누나 그리고 저 모두 네 사람입니다.

민철   부모님은 어디에 계십니까?

제임스   고향에 계십니다.

가족

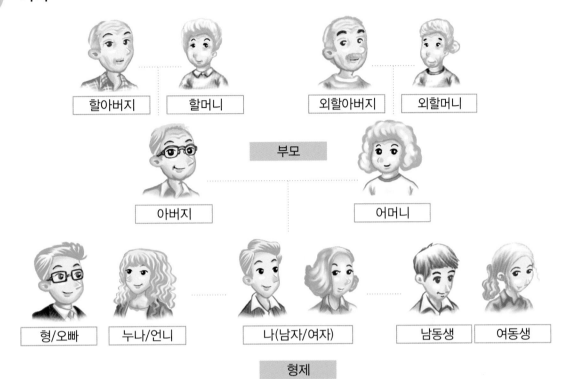

| 할아버지 | 할머니 | | 외할아버지 | 외할머니 |

부모

아버지 / 어머니

| 형/오빠 | 누나/언니 | 나(남자/여자) | 남동생 | 여동생 |

형제

존대어

'여동생이'	'할머니께서'
있다	계시다
자다	주무시다
먹다	잡수시다/드시다
말하다	말씀하시다

어휘

표를 완성하고 이야기하십시오.

가족	무엇을 합니까?
할아버지	주무십니다
할머니	
아버지	
	텔레비전을 보십니다
	공부합니다

[보기] 가: 할아버지께서 무엇을 하십니까?
나: 할아버지께서 주무십니다.

수 1 (하나–열)

• 하나		한 [명사] 한 명
• 둘		두 [명사] 두 명
• 셋		세 [명사] 세 명
• 넷		네 [명사] 네 명
• 다섯		다섯 [명사] 다섯 명
• 여섯		여섯 [명사] 여섯 명
• 일곱		일곱 [명사] 일곱 명
• 여덟		여덟 [명사] 여덟 명
• 아홉		아홉 [명사] 아홉 명
• 열		열 [명사] 열 명

어휘

그림을 보고 알맞은 숫자를 쓰십시오.

[보기] 학생 하나, 학생 한 명

❶ 가방 ...., 가방 .... 개

❷ 책상 ...., 책상 .... 개

❸ 의자 ...., 의자 .... 개

❹ 책 ...., 책 .... 권

문법 연습

01

-으시-

1) 표를 완성하십시오.

옵니다	[보기] 오십니다
씁니다	
인사합니다	
읽습니다	

2) 쓰십시오.

[보기] 제 동생이 학교에 갑니다.   [보기] 우리 아버지께서 회사에 가십니다.

동생이 공부를 합니다.   아버지께서 일을 ....

동생이 친구가 많습니다.   아버지께서 친구가 ....

동생이 텔레비전을 봅니다.   아버지께서 신문을 ....

동생이 텔레비전을 좋아합니다. 아버지께서 신문을 ....

과제 1 말하기

01 친구에게 질문하고 표를 채우십시오.

가족	하는 일	사는 곳
아버지	은행원	고향
어머니		
형/오빠		
누나/언니		
동생		
나		

[보기] 가: 아버지께서 무엇을 하십니까?

나: 은행원이십니다.

가: 어디에 계십니까?

나: 고향에 계십니다.

02 친구 가족을 소개하십시오.

01 읽고 대답하십시오.

> 우리 가족은 모두 여섯 사람입니다.
>
> 저는 언니가 하나, 남동생이 한 명 있습니다.
>
> 할머니하고 부모님은 고향에 계십니다. 아버지는 선생님이십니다.
>
> 어머니는 주부이십니다. 할아버지는 안 계십니다.
>
> 남동생도 고향에 있습니다. 남동생은 고등학생입니다.
>
> 언니하고 저는 서울에 있습니다. 언니는 회사원입니다. 저는 대학생입니다.
>
> 저는 할머니를 아주 좋아합니다. 우리 할머니는 재미있으십니다.

1) 맞는 것을 고르십시오.

❶ 언니 – 회사원   ❷ 아버지 – 은행원

❸ 남동생 – 대학생   ❹ 어머니 – 선생님

2) 맞으면 O, 틀리면 X 표시를 하십시오.

❶ 우리 가족은 모두 같이 삽니다.   (   )

❷ 할아버지하고 할머니 그리고 부모님은 고향에 계십니다.   (   )

❸ 저는 여자입니다.   (   )

❹ 언니는 서울에서 일합니다.   (   )

02 여러분의 가족사진을 가지고 소개하는 글을 쓰십시오.

....

....

....

....

우리 we, our   **주부** housewife   **안** not   **고등학생** high-school student   **서울** Seoul
아주 very   **재미있다** to be fun, interesting   **같이** together   **살다** to live   **에서** in

Dialogue

Mincheol	How many people are there in your family?
James	There are four of us. My father, my mother, my sister and me.
Mincheol	Where are your parents?
James	They are in my hometown.

문법 설명

01 −으시/시−

'−으시−' is a suffix attached to a verb stems. It is used to express respect for the subject (of the sentence). If the verb stem ends with a consonant, insert '으' and use '−시−' If it ends with a vowel, use '−시−'. '−(으)시−' can be used along with the honorific subject particle '께서'.

• 어머니께서 가십니다.	Mother is going.
• 김 선생님께서 가르치십니다.	Mr. Kim is teaching.
• 아버지께서는 신문을 읽으십니다.	My father is reading the paper.
• 무슨 영화를 보셨습니까?	Which movie did you see?
• 내일 회사에 가시겠습니까?	Will you go to the office tomorrow?

There are some verbs which do not use −으시− and instead change their stems.

• 자다 → 주무시다	to sleep
• 먹다 → 잡수시다/드시다	to eat
• 있다 → 계시다	to stay, to exist

02 number 1 (하나–열)

When counting things or people, the Korean numerals are used together with counters or classifiers which differ according to the type of the object being counted. When the numerals 하나, 둘, 셋 and 넷 appear in front of a noun, they take the shapes 한, 두, 세 and 네, respectively.

- 사람 한 명/두 명   one person/two people
- 사과 세 개/네 개   three apples/four apples
- 책 다섯 권/여섯 권   five books/six books
- 종이 일곱 장/여덟 장   seven sheets of paper/eight sheets of paper

03 공기도 좋고 조용합니다

학습 목표 ● 과제 고향에 관해 말하기 ● 문법 −고¹ ● 어휘 형용사 2

무슨 사진입니까?
민철이가 무엇을 묻습니까?

🔊 CD1: 28 ~ 29

민철 　여기가 고향입니까?

제임스 　네, 우리 고향에는 산이 많습니다.

민철 　공기가 좋습니까?

제임스 　네, 공기도 좋고 조용합니다.

산
mountain

공기
air

조용하다
to be quiet

어휘

형용사 2

깨끗하다	더럽다
조용하다	시끄럽다
넓다	좁다
춥다	덥다
시원하다	따뜻하다
예쁘다	복잡하다

● 반대되는 말을 찾아 연결하십시오.

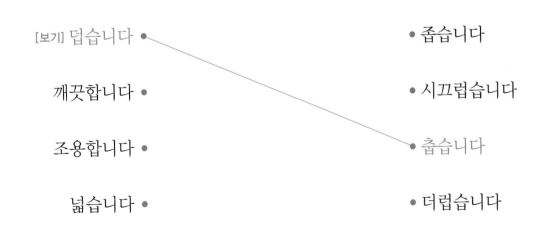

[보기] 덥습니다 •   • 좁습니다

깨끗합니다 •   • 시끄럽습니다

조용합니다 •   • 춥습니다

넓습니다 •   • 더럽습니다

문법 연습

−고¹

1) 한 문장으로 만드십시오.

[보기] 교실이 넓습니다. 깨끗합니다.

➡ 교실이 넓고 깨끗합니다.

❶ 주스가 맛있습니다. 시원합니다.

➡ _____

❷ 우체국이 좁습니다. 복잡합니다.

➡ _____

❸ 도서관이 큽니다. 조용합니다.

➡ _____

2) 대답하십시오.

크다   시끄럽다   재미있다   좋다   깨끗하다   예쁘다   넓다   더럽다

[보기] 가: 가방이 어떻습니까?

나: 가방이 크고 좋습니다.

❶ 가: 교실이 어떻습니까?

나: _____

❷ 가: 집이 어떻습니까?

나: _____

❸ 가: 친구가 어떻습니까?

나: _____

과제 1 듣고 쓰기 [CD1: 30]

01 듣고 대답하십시오.

1) 부산은 어떻습니까?

❶ 많습니다   ❷ 큽니다   ❸ 시끄럽습니다   ❹ 덥습니다

2) 부산에 무엇이 있습니까?

(   )하고 (   )하고 (   )이/가 있습니다.

3) 부산 사람들은 어떻습니까?

❶ 덥습니다   ❷ 따뜻합니다   ❸ 시끄럽습니다   ❹ 시원합니다

02 듣고 (   )에 쓰십시오.

제 고향은 부산입니다. 부산은 (   )고 사람들이 (   ).

부산에는 바다가 있습니다. 그래서 생선이 (   ).

그리고 대학교하고 (   )도 있습니다.

겨울에는 (   )고 여름에는 (   ).

부산 (   )들은 친절하고 (   ).

저는 제 (   )을 아주 사랑합니다.

들 plural suffix **바다** sea **그래서** so **생선** fish **대학교** college, university
겨울 winter **여름** summer **친절하다** to be kind **사랑하다** to love

YONSEI KOREAN 1

과제 2 말하고 쓰기

01 친구에게 묻고 대답을 쓰십시오.

질문 　　　　　 이름	[보기] 영희	친구 1............	친구 2............
고향이 어디입니까?	부산		
고향에 무엇이 있습니까?	바다		
무엇이 많습니까?	생선		
사람들이 어떻습니까?	친절합니다		
고향이 어떻습니까?	좋습니다		

02 고향에 대해 〈과제1〉과 같이 쓰고 발표하십시오.

....

....

....

....

....

....

....

어떻다 how (it) is

Dialogue

Mincheol   Is this your hometown?

James   Yes, there are lots of mountains in my hometown.

Mincheol   Is the air fresh, also?

James   Yes, the air is fresh and it's quiet there.

문법
설명

01 −고[1]

This connective ending is used with verb stems. It is used to link 2 or more verbs together regardless of their order.

• 어제부터 열이 나고 기침이 납니다.	I've had a fever and a cough since yesterday.
• 어제는 바람이 불고 눈이 왔습니다.	Yesterday it was windy and snowy.
• 남대문 시장은 옷이 싸고 좋습니다.	At Namdaemoon Market, things are cheap and good(quality).
• 어제는 바쁘고 힘들었습니다.	I was busy and had a hard time yesterday.
• 내일은 춥고 비가 오겠습니다.	It will be cold and rainy tomorrow.

04 대학교에서 경제학을 공부합니다

두 사람이 무슨 이야기를 합니까?
제임스의 친구는 무엇을 합니까?

CD1: 31~32

민철   고향에 한국 친구가 있습니까?

제임스   네, 한 명 있습니다.

민철   그 친구는 무엇을 합니까?

제임스   대학교에서 경제학을 공부합니다.

경제학
economics

어휘

전공

역사학

컴퓨터 공학

정치학

경제학

법학

경영학

의학

영문학

생물학

● 연결하십시오.

[보기] 영어 선생님 •   • 법학

컴퓨터 프로그래머 •   • 의학

변호사 •   • 컴퓨터 공학

의사 •   • 영문학

사장 •   • 경영학

문법 연습

에서

01

1) 연결하십시오.

[보기] 회사 •————————————• 친구를 만나다

학교 •   • 일하다

공원 •   • 밥을 먹다

집 •   • 공부를 하다

학생회관 •   • 텔레비전을 보다

식당 •   • 산책하다

2) 1)을 보고 묻고 대답하십시오.

[보기] 가: 어디에서 일합니까?
　　　　나: 회사에서 일합니다.

01 대답을 쓰십시오.

질문	대답
한국 친구가 있습니까?	
한국 친구가 몇 명 있습니까?	
친구 이름이 무엇입니까?	
그 친구는 무엇을 합니까?	

02 위의 표를 보고 대화하십시오.

[보기] 가: 한국 친구가 있습니까?

나: 네, 있습니다.

과제 2 말하고 쓰기

01 친구 두 명을 골라 표를 채우십시오. 옆 사람과 그 친구에 대해 묻고 대답하십시오.

	[보기] 친구 1	친구 2	친구 3 ....
이름	제임스		
사는 곳	하와이		
가족	아버지, 어머니, 누나, 여동생		
직업	학생		
전공	역사학		

1) 친구 이름이 무엇입니까?

2) 어디에 있습니까?

3) 가족이 몇 사람 있습니까?

4) 무엇을 합니까?

5) 전공이 무엇입니까?

02 친구를 소개하는 글을 쓰십시오.

[보기] 제 친구를 소개합니다.
이름은 제임스입니다.
제임스는 하와이에 있습니다.
제임스는 아버지, 어머니, 누나와 여동생이 있습니다.
그 친구는 학생입니다. 역사학을 공부합니다.

Dialogue

Mincheol	Do you have any Korean friends in your hometown?
James	Yes, I have one.
Mincheol	What does he do?
James	He studies economics at college.

문법 설명

01 에서

It is used with a place noun to indicate the location of an action.

• 도서관에서 공부합니다.	I study at the library.
• 어디에서 친구를 만납니까?	Where do you meet your friend?
• 방에서 무엇을 합니까?	What do you do in the room?
• 신촌에서 삽니다.	I live in Shinchon.
• 교실에서 담배를 피우지 마십시오.	Don't smoke in the classroom.

정리해 봅시다

● 읽어 봅시다 [CD1: 33]

1. 듣습니다

2. 몇 사람입니까?

3. 공기도 좋고

4. 무엇을 합니까?

● 확인해 봅시다

I

좁다	따뜻하다	예쁘다	넓다
덥다	복잡하다	시끄럽다	깨끗하다
춥다	조용하다	더럽다	시원하다

다음 장소와 관계있는 것을 모두 골라 쓰십시오.

1) 교실 :

2) 고향 :

3) 방   :

4) 친구 :

5) 서울 :

정리

II

01 위의 단어를 이용해서 '-고' 게임을 합시다.

[보기] 선생님: 교실이 어떻습니까?
학생 1: 교실이 큽니다.
학생 2: 교실이 크고 조용합니다.
학생 3: 교실이 크고 조용하고 깨끗합니다.

1) 고향이 어떻습니까?
2) 방이 어떻습니까?
3) 친구가 어떻습니까?
4) 서울이 어떻습니까?

02 맞는 것에 O 표시를 하십시오.

우리 가족은 모두 네 명입니다. 부모님하고 여동생이 있습니다. 부모님은 미국(에, 에서) 계십니다. 아버지는 은행(에, 에서) 일하십니다. 어머니는 의사이십니다. 여동생은 일본(에, 에서) 있습니다. 일본 대학교(에, 에서) 일본어를 공부합니다. 저는 한국어학당(에, 에서) 한국말을 공부합니다. 날마다 도서관(에, 에서) 숙제를 합니다. 도서관은 학생식당 앞(에, 에서) 있습니다. 우리 교실은 3층(에, 에서) 있습니다.

정리

III

01 친구 가족에 대해 질문하고 쓰십시오.

[보기1] 가: 가족이 몇 명입니까?

나: 네 명입니다.

가: 누가 있습니까?

나: 아버지하고 어머니하고 저하고 여동생이 있습니다.

가: 아버지는 무엇을 하십니까?

나: 학교 선생님이십니다.

가: 어디에 계십니까?

나: 북경에 계십니다.

	가족	직업	사는 곳	기타
[보기2]	아버지	선생님	북경	
1)				
2)				
3)				
4)				
5)				

02 친구의 가족을 소개하십시오.

저는 .... 씨 가족을 소개하겠습니다.

.... 씨 가족은 모두 .... 명입니다.

.... 이/가 있습니다.

.... 은/는 ....

....

....

....

....

....

....

....

제임스가 본 한국

Form of addressing people

There are various forms to address family members and relatives in Korean. Usually, a family means a grandfather, grandmother, father, mother, and siblings. To distinguish the family members from your father's side with those of your mother's side, you say '친' in front of the titles of father's side, and '외' for your mother's side. People often omit '친'.

Your father's parents are '(친)할아버지', '(친)할머니'. Father's older brothers are called '큰아버지'. '큰아버지' is the first brother; and '둘째 큰아버지' is your father's second oldest brother, and so on. Your father's younger brothers are called '작은아버지', and '삼촌' is the title for unmarried brothers of your father. Your father's sisters are called '고모'. Your mother's parents are '외할아버지' and '외할머니'. Your mother's brothers are called '외삼촌', and sisters are '이모'. So in referring to your relatives, you need to think about whether they are from the father's side or mother's side, and whether the person is married or not. Isn't it awfully complicated?

When referring to your siblings, it is to different depending on your gender and the gender of the person being referred to. If you are a man, your elder brother is '형' and your elder sister is '누나'. If you are a woman, your elder brother is '오빠' and your elder sister is '언니'. I was once very embarrassed when I called Misun's elder sister '언니' as Misun does. When will I be good enough to use

다음 사람의 호칭을 쓰십시오.

- 아버지의 누나 : ....
- 아버지의 남동생 : ....
- 어머니의 여동생 : ....
- 어머니의 아버지 : ....

'아줌마(auntie)' and '아저씨(uncle)'

Koreans use relatives' titles when addressing someone they don't know. The first time I was in Korea, I heard so many people saying auntie, uncle, grandmother and grandfather to each other, and I was wondering how many relatives they have. But as time went on, I learned that those titles can be used between strangers.

The most commonly used titles are 아줌마(auntie) and 아저씨(uncle). Originally 아줌마(auntie) and 아저씨(uncle) were used among family members. These days, people use the title 아줌마 to address a married woman and 아저씨 a man. Generally speaking, those titles are used to address a man or woman in their thirties to early sixties. To address a woman or a man who has grandchildren, '할머니' and '할아버지'. People in their late sixties are usually addressed with these titles.

However, there is no clear distinguished age limits for these titles. People choose the title roughly by the person's appearance, which can be impolite at times. For example, it is very impolite to call a young lady '아줌마'. To avoid making mistakes when it is hard to judge by the person's appearance, it's better to choose a title for younger people over one for older people.

I remember one time when I was treated with many side dishes at a restaurant I called an '아줌마', '아가씨 (young lady)', and she was very happy.

한국 사람들은 여러분을 어떻게 부릅니까?

제4과 음식

01 식당에 갑니다

학습 목표 ● 과제 식당에 가기 ● 문법 에 가다, −을까요?', −읍시다 ● 어휘 가다, 오다, 식당 관련 어휘

여기가 어디입니까?
마리아는 어디에 갑니까?

CD1: 34~35

리에   마리아 씨, 어디에 갑니까?
마리아   식당에 갑니다.
리에   누구하고 갑니까?
마리아   혼자 갑니다.
리에   같이 갈까요?
마리아   네, 그럽시다.

하고
with

혼자
by oneself

그럽시다
Let's do so

가다, 오다

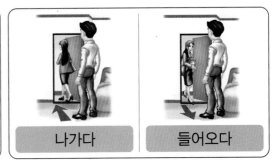

가다 | 오다 | 나가다 | 들어오다

올라가다 | 내려오다

● 그림을 보고 쓰십시오.

❶ 리에 ....

❷ 마이클 ....

❸ 미선 ....

❹ 마리아 ....

❺ 제임스 ....

어휘

식당

| 한식집 | 중국집 | 일식집 | 양식집 |

● 연결하십시오.

[보기] 한식집   일식집   중국집   양식집

문법 연습 말하기 •─────●

01

에 가다

문장을 만드십시오.

[보기] 공부를 합니다. ➜ 학교에 갑니다.

식당   학교   백화점   도서관   공원   사무실

❶ 밥을 먹습니다. ➜ ....

❷ 지갑을 삽니다. ➜ ....

❸ 책을 읽습니다. ➜ ....

❹ 일을 합니다. ➜ ....

❺ 산책을 합니다. ➜ ....

02

−을까요?[1], −읍시다

1) 표를 완성하십시오.

먹다	먹을까요?	먹읍시다
사다		
공부하다		
읽다		

2) 이야기를 완성하십시오.

[보기] 미선: 식당에 갈까요?

　　　　민철: 네, 식당에 갑시다.

[식당에서]

미선: 비빔밥을 (먹다) ....? 　미선: 영화를 (보다) ....?

민철: 아니요, 불고기를 (먹다) .... 　민철: ....

미선: 같이 (산책하다) ....? 　미선: 내일도 만날까요?

민철: .... 　민철: ....

과제 1 말하기

01 묻고 대답하십시오.

[보기] 가: 어디에 갑니까?

나: 공원에 갑니다.

가: 누구하고 갑니까?

나: 혼자 갑니다.

가: 같이 갈까요?

나: 네, 그럽시다.

가: 공원에서 무엇을 할까요?

나: 산책을 합시다.

02 위 대화를 [보기]와 같이 발표하십시오.

[보기] 저는 공원에 갑니다.

친구하고 같이 갑니다.

공원에서 산책을 합니다.

01 듣고 표를 완성하십시오.

가깝다   값이 싸다   음식이 많다   조용하다   깨끗하다

이름	식당	이유
웨이		
제임스		
미선		

02 이 사람들이 오늘 어디에 갑니까?

....

....

03 여러분이 자주 가는 식당과 이유를 이야기하십시오.

[보기] 저는 일식집에 갑니다.
       일식집은 조용합니다.

정문 main entrance   학생식당 student restaurant   가깝다 to be near
그래요? Is it (so)?   음식 food   오늘 today   값 price   싸다 to be cheap

Dialogue

Rie	Maria, Where are you going?
Maria	I'm going to a restaurant.
Rie	Who are you going with?
Maria	I'm going by myself.
Rie	Shall we go together?
Maria	Yes, let's go together.

문법 설명

01 에 가다/오다

When the locative particle '에' is used with the verb '가다/오다(go/ come),' it indicates that the place noun preceding '–에' is the destination.

• 날마다 학교에 갑니다.	I go to school everyday.
• 친구가 우리 집에 옵니다.	My friend is coming to my house.
• 어디에 갑니까?	Where are you going?
• 할아버지께서 병원에 가십니다.	My grandfather is going to the hospital.
• 선생님께서 교실에 들어가십니다.	My teacher enters the classroom.

02 –을까요?[1]/ ㄹ까요?

This final ending is added to action verbs to express a suggestion to the listener or to ask an opinion. If the stem ends in a vowel, use '–ㄹ까요,' and if it ends in a consonant, use '–을까요'.

• 점심을 같이 먹을까요?	Should we eat lunch together?
• 무슨 음식을 만들까요?	What food should we make?
• 도서관에 갈까요?	Should we go to the library?

- 내일 만날까요?   Shall we meet tomorrow?
- 무슨 영화를 볼까요?   Which movie should we watch?

03 -읍시다/ㅂ시다

This final ending is used with an action verb stem. It is used to express that the speaker wants the listener to perform some action together with the listener. When the verb stem ends in a vowel, use '-ㅂ시다', and when the verb stem ends in a consonant, use '-읍시다'.

- 한국 음식을 먹읍시다.   Let's eat Korean food.
- 여기에 잠깐 앉읍시다.   Let's sit down here for a moment.
- 도서관 앞에서 만납시다.   Let's meet in front of the library.
- 영화를 봅시다.   Let's watch a movie.
- 불고기를 시킵시다.   Let's order bulgogi.

02 무슨 음식을 좋아하십니까?

학습 목표 ● 과제 좋아하는 음식 말하기 ● 문법 –지 않다, 무슨, ㄹ 동사 ● 어휘 음식 종류, 맛 관련 어휘

두 사람이 무엇에 대해 이야기합니까?
마리아는 무슨 음식을 좋아합니까?

CD1: 37 ~ 38

무슨
what kind of,
what

맛
taste

맛있다
to be delicious

맵다
to be hot
(spicy)

외국인
foreigner

잘
well

리에　무슨 음식을 좋아하십니까?

마리아　저는 불고기를 좋아합니다.

리에　불고기는 맛이 어떻습니까?

마리아　아주 맛있습니다.

리에　맵지 않습니까?

마리아　네, 외국인들도 잘 먹습니다.

음식 이름 1

한식	중국 음식	일식	양식
불고기	자장면	초밥	스테이크

● 연결하십시오

[보기] 불고기 •━━━━━━━━━• 한식

초밥 •   • 중국 음식

자장면 •   • 양식

스테이크 •   • 일식

맛

맛있다　　맛없다

맵다　　달다　　쓰다　　시다　　짜다　　싱겁다

● 연결하십시오.

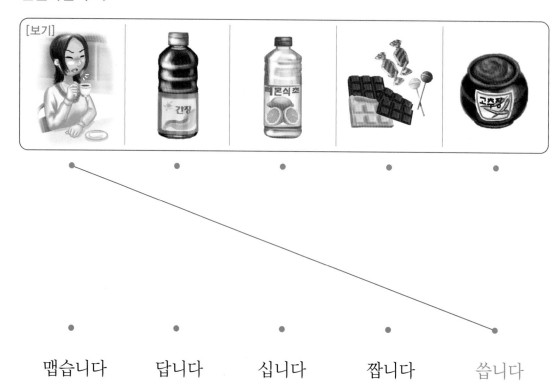

맵습니다　　답니다　　십니다　　짭니다　　씁니다

문법 연습

01 그림을 보고 쓰십시오.

한국	호주
음식이 맵습니다.	[보기] 음식이 맵지 않습니다.
김치를 먹습니다.	
시끄럽습니다.	
사람이 많습니다.	
크리스마스에는 춥습니다.	

무슨

02 질문을 만들고 표를 완성하십시오.

질문 친구 이름		
음식: 무슨 음식을 좋아합니까?		
음악:		
책:		
차:		

문법 연습

03

ㄹ 동사

1) 표를 완성하십시오.

	–습니다/ㅂ니다	–으십니다/십니다	–읍시다/ㅂ시다
달다	답니다		
살다			
알다		아십니다	
열다			
놀다			놉시다
만들다			

2) 문장을 완성하십시오.

❶ 아이스크림이 _____ 습니다/ㅂ니다.

❷ 어머니가 불고기를 _____ 습니다/ㅂ니다.

❸ 저는 한국말을 조금 _____ 습니다/ㅂ니다.

과제 1　말하기 ●

01　친구에게 좋아하는 음식을 질문하십시오.

[보기1]
가: 리에 씨는 한식을 좋아합니까?
나: 네, 좋아합니다.
가: 무슨 음식을 좋아합니까?
나: 불고기를 좋아합니다.

[보기2]
가: 웨이 씨는 한식을 좋아합니까?
나: 아니요, 좋아하지 않습니다.
가: 그럼 중국 음식을 좋아합니까?
나: 네, 중국 음식을 좋아합니다.

02　친구가 좋아하는 음식을 발표하십시오.

[보기]　리에 씨는 한식하고 양식을 좋아합니다.
　　　　불고기하고 스테이크를 좋아합니다.

과제 2　듣고 쓰기 [CD1: 39] ●

01　듣고 연결하십시오.

불고기 ●

[보기] 고추 ●

김치 ●

식혜 ●

● 달다
● 싱겁다
● 짜다
● 시다
● 맵다

02　여러분 나라의 음식 이름과 맛을 쓰십시오.

음식 이름	맛
[보기] 카레	맵습니다

좀 a little　간장 soy sauce　고추 (red) pepper　식혜 sweet rice drink　카레 curry

Dialogue

Rie	What kind of food do you like?
Maria	I like bulgogi.
Rie	How does bulgogi taste?
Maria	It tastes very good.
Rie	Isn't it hot?
Maria	No, foreigners can eat it well, too.

문법 설명

01 −지 않다

'−지 않다' is used with a verb stem to indicate that a subject's action or state is negative. It is not used for imperatives or propositives (let's).

- 내일은 학교에 가지 않습니다   Tomorrow I'm not going to school.
- 그 학생은 김치를 먹지 않습니다.   That student doesn't eat kimchi.
- 요즘은 바쁘지 않습니까?   Aren't you busy these days?
- 기분이 좋지 않습니다.   I'm not in a good mood.
- 음식이 맵지 않습니다.   This food is not spicy.

02 ㄹ 동사

When a verb stem which ends in '르' is followed by an ending beginning with '∟, ㅂ, or ㅅ', the '르' of the verb is deleted.

살다 : 살 + ㅂ니다   → 삽니다
알다 : 알 + ㅂ니까   → 압니까?
놀다 : 놀 + 는   → 노는

팔다 : 팔 + 니까 　　　→ 파니까
만들다 : 만들 + 십시오　 → 만드십시오.

- 한국말을 압니까?　　　　　Do you know Korean?
- 한국 음식을 만드십시오.　　Make Korean food, please.
- 남대문 시장에서 물건을 많이　They sell a lot of things at Namdaemun
  팝니다.　　　　　　　　　market.
- 저기에서 우는 아이를 아세요?　Do you know that child crying over there?

03 저는 불고기를 먹고 싶습니다

학습 목표 ● 과제 음식 고르고 권하기 ● 문법 –고 싶다, –겠–¹ ● 어휘 음식 이름

마리아와 리에가 어디에서 이야기합니까?
여기에는 무슨 음식이 있습니까?

CD1: 40~41

리에   이 식당에서는 무슨 음식이 맛있습니까?

마리아 비빔밥이 맛있습니다.

리에   불고기는 어떻습니까?

마리아 불고기도 맛있습니다.

리에   저는 불고기를 먹고 싶습니다.

마리아 그럼 저는 비빔밥을 먹겠습니다.

어휘

음식 이름 2

비빔밥	갈비	삼겹살	김치찌개	된장찌개
순두부찌개	닭갈비	삼계탕	갈비탕	냉면
칼국수	라면	김밥	떡볶이	잡채

1) 정희 씨는 무엇을 먹습니까? 그림을 보고 쓰십시오.

아침	점심	저녁

아침: [보기] 밥 ....

점심: ....

저녁: ....

2) 여러분은 한국에서 무슨 음식을 먹습니까? 쓰십시오.

....

문법 연습

01 −고 싶다

그림을 보고 문장을 만드십시오.

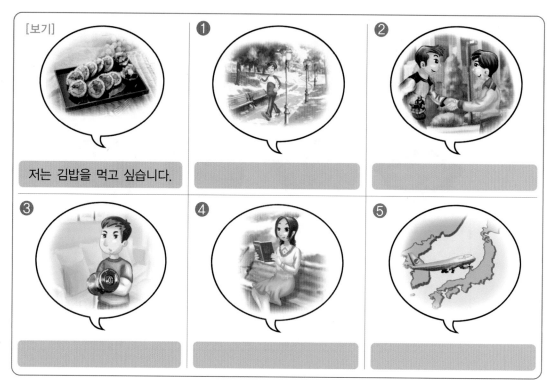

[보기]

저는 김밥을 먹고 싶습니다.

❶

❷

❸

❹

❺

02 −겠−¹

1) 내일 무엇을 하겠습니까? 쓰십시오.

[보기] 학교에 오겠습니다.

❶ ....

❷ ....

❸ ....

2) 묻고 대답하십시오.

[보기]　가: 어디에 가겠습니까?

　　　　나: 설악산에 가겠습니다.

❶ 가: 어디에서 주무시겠습니까?

　나: _____.

❷ 가: 무엇을 드시겠습니까?

　나: _____.

❸ 가: 누구하고 가겠습니까?

　나: _____.

과제 1 말하기

01 여러분 나라의 음식 차림표(메뉴)를 쓰십시오.

[보기]

냉면　　　　　　6,000원

불고기(일인분)　13,000원

갈비탕　　　　　8,000원

비빔밥　　　　　5,000원

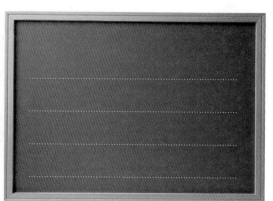

02 친구의 메뉴를 보고, 이야기를 만드십시오.

가: _____ 맛이 어떻습니까?

나: _____

가: 그럼 _____ 은/는 어떻습니까?

나: _____

가: 저는 _____ 을/를 먹고 싶습니다.

나: 그럼 저는 _____

과제 2 쓰고 말하기 ●

01 여러분은 무슨 음식을 좋아합니까? 소개하는 글을 쓰십시오.

[보기] 불고기

한국 음식 중에서 불고기를 아주 좋아합니다.

불고기는 맵지 않고 맛있습니다.

불고기는 보통 상추하고 같이 먹습니다.

불고기는 한국 사람도 좋아하고 외국 사람들도 좋아합니다.

----

02 여러분 나라의 음식을 발표하십시오.

중에서 among   **보통** usually   **상추** lettuce   **외국** foreign

Dialogue

Rie	What tastes good in this restaurant?
Maria	Bibimbap is good.
Rie	How about bulgogi?
Maria	Bulgogi is good, too.
Rie	I'd like to have bulgogi.
Maria	Then I'll have bibimbap.

문법 설명

01 –고 싶다

It is used with an action verb stem to indicate a desire, wish or hope. When the subject is 3rd person, use '–고 싶어하다'.

• 고향에 가고 싶습니다.	I want to go to my hometown.
• 친구들을 만나고 싶었습니다.	I wanted to meet my friends.
• 무슨 음식을 잡수시고 싶습니까?	Which food would you like to eat?
• 무슨 선물을 받고 싶습니까?	What present do you want to get?
• 커피를 마시고 싶습니다.	I want to drink coffee.

02 –겠–[1]

It is used with an action verb stem to indicate the speaker's intention. In an interrogative sentence, it is used to ask the listener's intention.

• 저는 파티에 안 가겠습니다.	I will not go to the party.
• 내년에 한국에 다시 오겠습니다.	I will come back to Korea next year.
• 저는 비빔밥을 먹겠습니다.	I will have bibimbap.
• 뭘 잡수시겠습니까?	What would you like to eat?
• 누가 먼저 하시겠습니까?	Who will do it first?

04 여기 물 좀 주십시오

학습 목표 ● 과제 음식 주문하기 ● 문법 –으십시오, –을까요?² ● 어휘 음식 관련 단위 명사, 수 2(일–십)

여기는 무슨 식당입니까?
리에와 마리아는 무엇을 시켰습니까?

🔊 CD1: 42~43

마리아	여기요.
종업원	네, 뭘 드릴까요?
리에	저는 불고기를 주십시오.
마리아	저는 비빔밥을 먹겠습니다.
종업원	불고기 일 인분하고 비빔밥 하나요.
리에	그리고 여기 물 좀 주십시오.

종업원
waitress

요
casual high ending

뭘
what

드리다
to give

주다
to give

물
water

수 2 (일-십)

일	이	삼	사	오	육	칠	팔	구	십
1	2	3	4	5	6	7	8	9	10

음식 관련 단위 명사

개	잔	병	그릇	인분
사탕 초콜릿	맥주 커피	소주 주스	비빔밥 냉면	떡볶이 삼겹살
한 개	한 잔	한 병	한 그릇	일 인분
두 개	두 잔	두 병	두 그릇	이 인분
세 개	세 잔	세 병	세 그릇	삼 인분
네 개	네 잔	네 병	네 그릇	사 인분
다섯 개	다섯 잔	다섯 병	다섯 그릇	오 인분
여섯 개	여섯 잔	여섯 병	여섯 그릇	육 인분
일곱 개	일곱 잔	일곱 병	일곱 그릇	칠 인분
여덟 개	여덟 잔	여덟 병	여덟 그릇	팔 인분
아홉 개	아홉 잔	아홉 병	아홉 그릇	구 인분
열 개	열 잔	열 병	열 그릇	십 인분

● 그림을 보고 쓰십시오.

물 [보기] 다섯 잔 / 소주 _____ / 비빔밥 _____ / 사과 _____

문법 연습

01

−으십시오

1) 쓰십시오.

[보기] 인사하다 ➜ 인사하십시오.

❶ 보다 ➜ _____

❷ 읽다 ➜ _____

❸ 찾다 ➜ _____

❹ 만들다 ➜ _____

2) 대답을 쓰십시오.

[보기] 가: 배가 고픕니다.

나: 식당에 가십시오.

❶ 가: 다리가 아픕니다.

나: _____.

❷ 가: 단어를 모릅니다.

나: _____.

❸ 가: 밥을 먹고 싶습니다.

나: _____.

❹ 가: 책을 사고 싶습니다.

나: _____.

–을까요?²

02

1) 질문을 쓰십시오.

[보기] 가: 무엇을 할까요?

나: 숙제를 하십시오.

❶ 가: .... ?

나: 김치찌개를 만드십시오.

❷ 가: .... ?

나: 영화를 보십시오.

❸ 가: .... ?

나: 네, 책을 읽으십시오.

2) 연결하십시오.

[보기]

[한식당에서] 뭘 드릴까요? •   • 오렌지 주스를 주십시오.

제가 이 과자를 먹을까요? •   • 케이크를 사십시오.

무슨 주스를 드릴까요? •   • 네, 드십시오.

리에 씨의 생일입니다.
뭘 살까요? •   • 영어사전을 사십시오.

영어사전을 살까요?
일어사전을 살까요? •   • 삼계탕을 주십시오.

과제 1 말하기

01 묻고 대답하십시오.

한식집	이탈리아 식당	중국집
냉면 6,000원	콤비네이션피자 18,000원	자장면 3,000원
불고기(일인분) 13,000원	스파게티 7,000원	짬뽕 3,000원
갈비탕 8,000원	라자냐 8,000원	볶음밥 4,500원
비빔밥 5,000원	스테이크 25,000원	탕수육 9,000원

[보기] 가: 무슨 식당에 가겠습니까?

나: 한식집에 가겠습니다.

가: 무슨 음식을 먹겠습니까?

나: 갈비탕을 먹겠습니다.

콤비네이션 combination   **피자** pizza   **스파게티** spaghetti   **라자냐** lasagna
짬뽕 Chinese hot noodle   **볶음밥** fried rice   **탕수육** sweet and sour pork

02 한 사람은 손님이고 다른 사람은 종업원입니다. 위 식당 중 한 곳을 골라서 음식을 주문하십시오.

손님: 여기요.

종업원: 네, 뭘 드시겠습니까?

손님: .... 하고 .... 주십시오.

종업원: 네, ...요. 알겠습니다.

과제 2 듣기 [CD1: 44]

듣고 표를 완성하십시오.

대화	식당	음식	얼마나
1			두 그릇
2		피자, 스파게티	
3	술집		

손님 customer   알겠습니다 okay   물냉면 mulnaengmyeon (cold noodles)
술집 bar   시키다 to order   마시다 to drink

Maria	Excuse me.
Waitress	Yes, what would you like?
Rie	I'll have bulgogi.
Maria	I'll have bibimbap.
Waitress	OK, an order of bulgogi and one bibimbap.
Rie	And could I get some water, please?

문법 설명

01 −으십시오/십시오

This final ending is used with an action verb stem to indicate a command to the listener. When the verb ends in a vowel, use '−십시오'. When it ends in a consonant, use '−으십시오'.

• 내일 7시에 오십시오.	Come tomorrow at 7:00.
• 조용히 하십시오.	Be quiet.
• 여기 앉으십시오.	Sit down here.
• 교과서를 읽으십시오.	Read the textbook.
• 담배를 피우지 마십시오.	Don't smoke.

02 −을까요?² / ㄹ까요?

This final ending is used with a verb stem to ask an opinion of the listener about the speaker's action. When the verb ends in a vowel, use '−ㄹ까요'. When it ends in a consonant, use '−을까요'.

• 책을 어디에 놓을까요?	Where shall I put this book?
• 제가 점심을 준비할까요?	Shall I prepare lunch?

- 언제 다시 전화할까요?　　　　　When shall I call you?
- 이것 좀 써도 될까요?　　　　　　May I use it?
- 녹차를 드릴까요? 홍차를 드릴까요?　Would you like green tea or red tea?

05 정리해 봅시다

● 읽어 봅시다 [CD1: 45]

1. 같이 갈까요?

2. 맵지 않습니까?

3. 맛이 어떻습니까?

4. 먹겠습니다

● 확인해 봅시다

I

01 다음 식당의 메뉴판을 만드십시오.

한식집

중국집

이탈리아 식당

| 냉면 | 볶음밥 | 삼계탕 | 불고기 | 스파게티 | 짬뽕 | 된장찌개 |
| 김치찌개 | 라자냐 | 탕수육 | 자장면 | 김치 | 피자 | 비빔밥 |

02 빈칸에 적당한 음식을 다 쓰십시오. 누가 많이 썼습니까?

(　　　　　　　　　　　　　　　　　　　　　　)이/가 맵습니다.

(　　　　　　　　　　　　　　　　　　　　　　)이/가 씁니다.

(　　　　　　　　　　　　　　　　　　　　　　)이/가 십니다.

(　　　　　　　　　　　　　　　　　　　　　　)이/가 짭니다.

(　　　　　　　　　　　　　　　　　　　　　　)이/가 답니다.

(　　　　　　　　　　　　　　　　　　　　　　)이/가 싱겁습니다.

정리

II

01

대화를 만드십시오.

웨이: 제임스 씨, 식당에 같이 갈까요?

제임스: 네, ...

[식당에서]

웨이: .... ?

제임스: 저는 갈비탕을 좋아합니다.

웨이: 냉면은 맛이 어떻습니까?

제임스: ....

웨이: 그럼 저는 냉면을 ....

제임스: 저는 ....

웨이: 여기요.

종업원: 네, ... ?

웨이: ....

종업원: 네, ... 요.

시골밥상	
냉면	4,000원
불고기(일인분)	12,000원
갈비탕	6,000원
비빔밥	5,000원

III

01

어떻게 말합니까? 쓰십시오.

Korean Dining Culture

At most Korean meals, there is rice, soup, and various side dishes.

People usually share all side dishes, but not their rice and soup. They eat fast, sharing conversation joyfully. Koreans tend to do everything quickly. One of my friends jokingly said that Koreans eat fast because they share dishes and they want to be able to eat more than the others.

Koreans use chopsticks and a spoon. This is different from the Japanese and Chinese, who use mostly chopsticks. Koreans use spoons for rice and soup and chopsticks for side dishes. Koreans don't hold rice and soup bowls like the the Japanese but put them on the table and eat with a spoon. Korean chopsticks are made of metal so they are a little heavier than those of the Japanese and Chinese. They are also shorter and sharper at the end. It is amazing to see my Korean friends picking up small round peas or slippery raw fish with chopsticks. These days I have boldly made up my mind to try using chopsticks when eating ramyen(fried noddles) but it still is not easy. It seems it will take a long time for me regardless of how hard I try.

다음 한국 음식은 무엇으로 먹습니까?

잡채	비빔밥	김밥	죽	불고기	미역국

- 젓가락

- 숟가락

The generosity of Koreans

Koreans rather eat very fast. So in many cases, Koreans talk to each other while drinking tea after meals, rather than while eating. I heard from Misun that in the past, it was polite not to talk while eating. On the other hand, it is awkward for me as a Westerner not to talk.

Another interesting fact is that Koreans like to offer food to others. When I visit Korean families, they prepare so much food that the table is about to collapse. And they always keep saying 'eat more!' Also, when they see that my plate is empty, they promptly serve me more food so I have to eat without a break. Now when I get invited for dinner, I eat lunch early or very lightly, to be prepared. This Korean brand generosity is the same when you eat out at a restaurant. You can keep asking for more side dishes. At some restaurants, they serve you more side dishes whenever the dish is empty. You don't even need to ask for more.

여러분 나라에서는 음식을 많이 준비합니까?

....

여러분 나라에서도 반찬이 무료입니까? 돈을 냅니까?

....

제5과 하루 생활

● 제임스가 본 한국
'일이삼'과 '하나둘셋'
손가락으로 숫자 세기

01 지금 몇 시예요?

학습 목표 ● 과제 시간 말하기 ● 문법 까지, -어요 ● 어휘 수 3, 시간

리에가 무엇을 묻습니까?
리에가 어떻게 질문합니까?

CD1: 46~47

리에	지금 몇 시예요?
웨이	한 시 십 분이에요.
리에	어디에 가요?
웨이	회사에 가요.
리에	몇 시까지 가요?
웨이	두 시까지 가요.

지금
now

시
time, o'clock

분
minute

수 3

10	십	90	구십
20	이십	100	백
30	삼십	1,000	천
40	사십	10,000	만
50	오십	88	팔십 팔
60	육십	670	육백 칠십
70	칠십	2,905	이천 구백 오
80	팔십	12,345	만 이천 삼백 사십 오

● 읽고 쓰십시오.

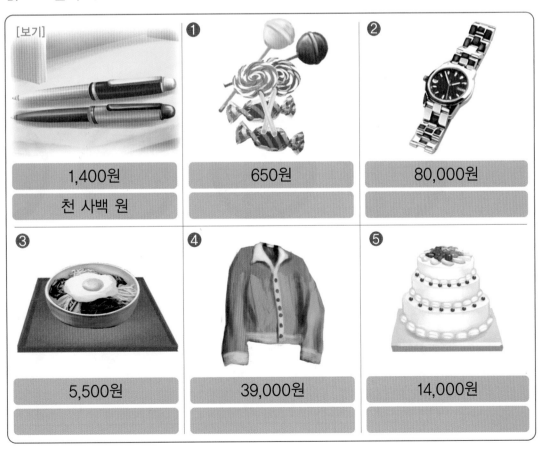

[보기] 1,400원 / 천 사백 원

❶ 650원

❷ 80,000원

❸ 5,500원

❹ 39,000원

❺ 14,000원

01 시간

다섯 시	세 시 십오 분	일곱 시 반	다섯 시 사십 분

오전 두 시 오십 분	오후 다섯 시 십칠 분	오후 열한 시 십일 분

● 읽고 쓰십시오.

❶ [보기] 아홉 시 ❷ ❸ ❹

❺ ❻ ❼ ❽

문법 연습

까지

01 리에 씨의 하루입니다. 쓰십시오.

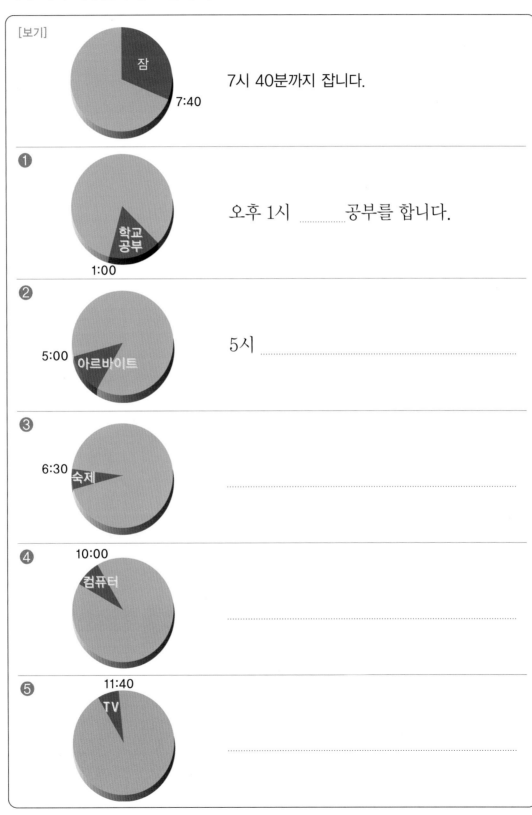

[보기]

잠
7:40

7시 40분까지 잡니다.

❶ 학교 공부
1:00

오후 1시 .... 공부를 합니다.

❷ 5:00 아르바이트

5시 ....

❸ 6:30 숙제

....

❹ 10:00 컴퓨터

....

❺ 11:40 TV

....

YONSEI KOREAN 1

문법 연습

02

-어요

1) 표를 완성하십시오.

오다	[보기] 와요
가다	
만나다	
먹다	
읽다	
인사하다	

2) 그림을 보고 말하십시오.

[보기] 제임스 씨는 전화해요.

과제 1 말하기

01 묻고 대답하십시오.

 9:20　 4:35　 8:45　 11:50

[보기] 가: 지금 몇 시예요?　　　　　　　가: 뭘 해요?
　　　나: 오전 아홉 시 이십 분이에요.　　나: 공부해요.

과제 2 듣고 쓰기 [CD1: 48]

01 듣고 쓰십시오.

마리아: 선생님, ＿＿＿＿＿＿ 있으세요?

선생님: 마리아 씨, 지금 몇 시예요?

마리아: ＿＿＿＿＿ 이에요/예요.

선생님: 그럼 ＿＿＿＿＿ 분쯤 시간이 있어요. ＿＿＿＿＿ 시에 회의가 있어요.

마리아: 그럼 잠깐 ＿＿＿＿＿ 과/와 이야기하고 싶어요.

선생님: 들어오세요.

마리아: 네, 고맙습니다.

02 쓰십시오.

마리아 씨는 선생님하고 이야기하고 싶어해요.

선생님은 ＿＿＿＿＿ 에 회의가 있어요. 지금은 ＿＿＿＿＿.

마리아 씨하고 선생님은 ＿＿＿＿＿ 까지 이야기할 거예요.

쯤 about　**회의** meeting　**잠깐** for a minute　**과/와** with　**이야기하다** to talk with
고맙다 thank you　**싶어하다** to want to　**이야기할 거예요** (they) will talk

Dialogue

Rie	What time is it now?
Wei	It's one ten.
Rie	Where are you going?
Wei	I'm going to work.
Rie	By what time do you need to be there?
Wei	I need to be there by two.

문법 설명

01 까지

This particle is used with a noun to denote the finishing point of time or place.

- 종로까지 걸어갑니다.
  I walk to Jongro.
- 서울에서 부산까지 기차로
  5시간 걸립니다.
  From Seoul to Pusan it takes
  5 hours by train.
- 12시에서 1시까지 점심시간입니다.
  Lunch time is from 12 until 1 o'clock.
- 몇 시까지 갑니까?
  By what time are you going?
- 여기까지 하십시오.
  Do up to here.

02 −어요/아요/여요

This informal-style final ending is used with a verb stem and is used frequently in conversation with friends. Depending on your intonation, this form can express declaratives, interrogatives, imperatives or suggestions.

	Formal style	Informal style
Declarative	–습니다/ㅂ니다	–어요/아요/여요
Interrogative	–습니까/ㅂ니까?	–어요/아요/여요?
Imperative	–으십시오/십시오	–으세요/세요
Suggestion	–읍시다/ㅂ시다	–어요/아요/여요

Verb stems ending in '아, 오, 야' take '–아요'. Verb stems ending in other vowels take '–어요'. The verb '하다' takes '–여요' which is often contracted to '해요'.

When a verb stem final vowel and the initial vowel of this ending come together, the following contractions apply :

	Verb-stem final vowel	Ending Initial Vowel	Change	Example
Deletion	아 + 아 →		아	가아요 → 가요
	어 + 어 →		어	서어요 → 서요
	으 + 어 →		어	쓰어요 → 써요
Contraction	오 + 아 →		와	오아요 → 와요
	우 + 어 →		워	배우어요 → 배워요
	이 + 어 →		여	기다리어요 → 기다려요
	하 + 여 →		해	일하여요 → 일해요

02 오늘이 몇 월 며칠이에요?

학습 목표 ● 과제 날짜와 요일 말하기 ● 문법 −지요?, −으세요 ● 어휘 날짜, 요일

월
month

며칠
what day
(of the month)

일
day

목요일
Thursday

금요일
Friday

내일
tomorrow

뭐
what

글쎄요
well

쉬다
to rest

리에가 무엇을 묻습니까?
리에가 어떻게 질문합니까?

CD1: 49~50

리에　오늘이 몇 월 며칠이에요?

웨이　시월 팔 일이에요.

리에　목요일이지요?

웨이　아니요, 금요일이에요.

리에　아, 그래요? 그럼 내일 뭐 하세요?

웨이　글쎄요, 집에서 쉬고 싶어요.

어휘

날짜, 요일

1월	2월	3월	4월	5월	**6월**
일월	이월	삼월	사월	오월	**유월**
7월	8월	9월	**10월**	11월	12월
칠월	팔월	구월	**시월**	십일월	십이월

1일	2일	3일	4일	5일	6일
일 일	이 일	삼 일	사 일	오 일	육 일
7일	8일	9일	10일	11일	12일 …
칠 일	팔 일	구 일	십 일	십일 일	십이 일 …

● 묻고 대답하십시오.

[보기] 가: 크리스마스가 몇 월 며칠입니까?

나: 크리스마스는 십이월 이십오 일입니다. 수요일입니다.

❶ 오늘

❷ 내일

❸ 생일

문법 연습

–지요?

01 그림을 보고 쓰십시오.

[보기]

가: 친구가 많지요?
나: 네, 많습니다.

❶

가: 크리스마스가 _____?
나: 네, 12월 25일입니다.

❷

가: 제임스 씨는 _____?
나: 네, 신촌 하숙집에 삽니다.

❸

가: _____?
나: 네, 음악을 좋아해요.

❹

가: 겨울에 _____?
나: _____

❺

가: _____?
나: _____

– 으세요

02

1) 쓰십시오.

[보기] 선생님이 한국말을 가르칩니다.

➜ 선생님께서 한국말을 가르치세요.

❶ 어머니가 불고기를 만듭니다.

➜ ....

❷ 어디에 갑니까?

➜ ....

❸ 내일 무엇을 합니까?

➜ ....

❹ 어서 오십시오.

➜ ....

❺ 안녕히 주무십시오.

➜ ....

2) 대화를 완성하십시오.

[보기] 가: 누가 집에 계세요?

나: 어머니께서 계세요.

❶ 가: 아버지께서 무엇을 하세요?

나: ....

❷ 가: 선생님은 학교에 언제 오세요?

나: ....

❸ 가: 배가 고파요.

나: ....

❹ 가: 다리가 아파요.

나: ....

과제 1 말하기

01 생일을 묻고 대답하십시오.

[보기] 가: 생일이 언제예요?
나: 4월 5일이에요.
가: 이번 생일에 뭐 하세요?
나: 친구하고 여행을 가요.

02 여러분의 생일에 대해 발표하십시오.

[보기] 제 생일은 4월 5일이에요. 저는 이번 생일에 친구하고 여행을 가겠어요.
제주도에 가겠어요. 거기에서 생선을 많이 먹고 싶어요.

이번 this (time)   **여행** trip   **거기** that place   **제주도** Jejudo

01 묻고 대답하십시오.

12월						
일	월	화	수	목	금	토
	1	2	3 제임스 씨 생일	4	5　시험	6
7	8　시험	9	10	11	12　방학	13
14	15	16 졸업식	17	18	19	20
21	22	23	24	25 크리스마스	26	27
28	29	30 파티	31			

[보기] 가: 방학이 언제예요?

나: 12월 12일이에요.

가: 금요일이지요?

나: 네, 금요일이에요.

가: 그날 무엇을 하고 싶어요?

나: 친구를 만나고 싶어요.

02 위 달력을 보고 계획을 쓰십시오.

[보기] **방학**: 12월 12일에 방학을 합니다. 그날은 금요일입니다. 그날부터 학교에 가지 않습니다. 그때 저는 친구들을 만나고 싶습니다.

1) 방학 ....

2) 시험 ....

3) 졸업식 ....

4) 크리스마스 ....

5) 파티 ....

방학 vacation　**언제** when　**날** day　**시험** exam　**졸업식** graduation (ceremony)　**파티** party　**부터** from　**때** time

Dialogue

Dialogue

Rie	What date is it today?
Wei	It's October eighth.
Rie	It is Thursday, isn't it?
Wei	No, it's Friday.
Rie	Oh, is it? What are you going to do tomorrow?
Wei	Well, I want to rest at home.

문법 설명

01 −지요?

This final ending is used with a verb stem. It is used when the speaker wants to seek the listener's agreement or to ascertain the listener's meaning.

• 날씨가 덥지요?	It's hot, isn't it?
• 선생님이 좋지요?	The teacher is nice, isn't (s)he?
• 날마다 운동하시지요?	You exercise everyday, don't you?
• 내일 학교에 가지요?	You're going to school tomorrow, don't you?
• 오늘이 목요일이지요?	It is Thursday today, isn't it?

02 −으세요/세요

This honorific form results from adding −으시−, the honorific suffix, to '−어요/아요/여요.' Just as with '−어요/아요/여요', depending on your intonation, this form can express a declarative, a question, an imperative or a suggestion. Verb stems ending in a vowel take '−세요,' and verb stems ending in a consonant take '으세요'.

- 이번에는 홍 선생님이 가세요.　　Mr. Hong is going this time.
- 어떤 음식이 좋으세요?　　What kind of food do you like?
- 요즘 많이 바쁘세요?　　Are you busy these days?
- 선생님, 여기 앉으세요.　　Teacher, sit down here, please.
- 저와 같이 가세요.　　Please, come with me.

03 일곱 시 반에 일어나요

학습 목표 ● 과제 하루 생활 말하기 ● 문법 에², 부터 ~까지, −고² ● 어휘 동사 3

아침입니까? 저녁입니까?
지금 몇 시입니까?

◀)) CD1: 51~52

정희	아침에 몇 시에 일어나세요?
웨이	7시 반에 일어나요.
정희	아침을 먹고 학교에 가세요?
웨이	아니요, 아침은 안 먹어요.
정희	수업은 날마다 있어요?
웨이	네, 월요일부터 금요일까지 있어요.

일어나다
to get up

수업
class

어휘

동사 3

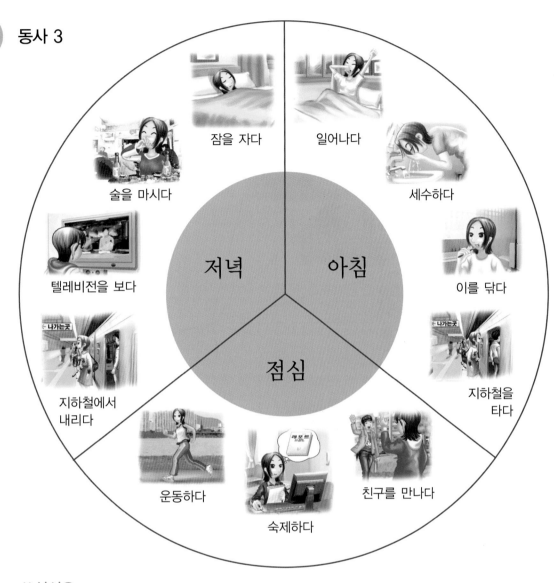

잠을 자다 / 일어나다 / 세수하다 / 술을 마시다 / 이를 닦다 / 텔레비전을 보다 / 지하철을 타다 / 저녁 / 아침 / 점심 / 지하철에서 내리다 / 운동하다 / 숙제하다 / 친구를 만나다

● 쓰십시오.

이를 닦다   일어나다   세수하다   친구를 만나다   운동하다   숙제하다
지하철에서 내리다   지하철을 타다   텔레비전을 보다   술을 마시다

아침	점심	저녁
[보기] 일어납니다.		

Y O N S E I   K O R E A N 1

문법 연습

에²

01 그림을 보고 쓰십시오.

11시

9시

7시

6시

5시

2시

1시

7시

8시

9시

[보기] 7시에 일어납니다.

❶ ....

❷ ....

❸ ....

❹ ....

부터 ~까지

02 위 그림을 보고 말하십시오.

[보기] 9시부터 1시까지 한국어를 공부합니다.

❶ ....

❷ ....

❸ ....

❹ ....

-고²

03 1) 한 문장으로 만드십시오.

[보기] 숙제를 합니다. 텔레비전을 봅니다.
➡ 숙제를 하고 텔레비전을 봅니다.

❶ 식사를 합니다. 커피를 마십니다.

➡ ....

❷ 세수를 합니다. 잡니다.

➡ ....

❸ 저녁을 먹습니다. 숙제를 합니다.

➡ ....

2) 위 그림을 보고 말하십시오.

[보기] 학교에서 한국어를 공부하고 점심을 먹습니다.

❶ 점심을 먹고 ....

❷ ....

❸ ....

❹ ....

과제 1   듣고 말하기 [CD1: 53]

01 듣고 시간을 쓰십시오.

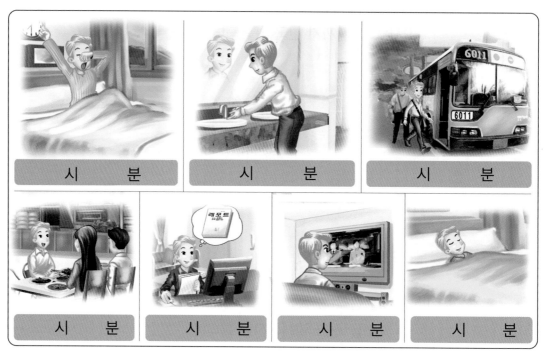

시   분   시   분   시   분

시   분   시   분   시   분   시   분

02 위 그림을 보고 친구에게 하루 일과를 질문하십시오.

[보기] 가: 제임스 씨는 몇 시에 일어나세요?

나: 6시 30분에 일어나요.

과제 2 쓰고 말하기 •

01 여러분은 날마다 무엇을 합니까? 하루 일과를 쓰십시오.

....

....

....

....

....

....

....

....

....

....

....

....

02 발표하십시오.

Dialogue

Junghee	What time do you get up?
Wei	I get up at seven thirty.
Junghee	Do you have breakfast before you go to school?
Wei	No, I don't have breakfast.
Junghee	Do you have classes everyday?
Wei	Yes, I have classes from Monday to Friday.

문법 설명

01 에²

This particle is used with a time noun to indicate the of time when the action or the situation takes place. It is not used with the nouns of time like '언제, 오늘, 내일, 어제, 그저께, 모레.'

• 9시에 학교에 갑니다.	I go to school at 9:00.
• 12시에 점심을 먹었습니다.	I ate lunch at 12:00.
• 내년에 대학교를 졸업합니다.	I graduate next year.
• 겨울에는 날씨가 춥습니다.	It is cold in the winter.
• 언제 한국에 오셨습니까?	When did you come to Korea?

02 부터 ~ 까지

It is used with a place or time noun to indicate a range .

• 아홉 시부터 한 시까지 공부합니다.	I study from nine to one.
• 월요일부터 금요일까지는 바쁩니다.	I am busy from Monday through Friday.

- 1층부터 5층까지는 기숙사입니다.　The dormitory goes from the first floor to fifth floor.
- 1과부터 10과까지 시험을 보겠습니다.　The test is on unit one through unit ten.
- 여기부터 저기까지 뛰어갑시다.　Let's run from here to there.

03 –고²

This connective ending is used with an action verb to indicate the order of the action. It is not used with the past-tense marker '–었/았/였–.' Tense is indicated in the verb that follows.

- 숙제를 하고 잡니다.　I do my homework and (then) sleep.
- 밥을 먹고 이를 닦았습니다.　I had a meal and (then) brushed my teeth.
- 졸업하고 고향에 돌아갈 거예요.　After graduation, I will go back to my hometown.
- 손을 씻고 오세요.　Wash your hands first and (then) come.
- 영화를 보고 울었습니다.　I watched a movie and (then) cried.

04 친구하고 무엇을 했어요?

학습 목표 ● 과제 과거 시제(행동) 말하기 ● 문법 -었-, ㅂ동사 ● 어휘 시간 관련 어휘

정희와 웨이가 무슨 이야기를 합니까?
어제 웨이는 무엇을 했습니까?

CD1: 54~55

정희   어제 집에서 쉬었어요?

웨이   아니요, 친구를 만났어요.

정희   친구하고 무엇을 했어요?

웨이   영화를 봤어요.

정희   영화가 어땠어요?

웨이   아주 아름다웠어요.

어제
yesterday

아름답다
to be beautiful

어휘

시간

2008년			9월			
일	월	화	수	목	금	토
	1	2	3	4	5	6
7	8	9	10 오늘	11	12	13
14	15	16	17	18	19	20
21	22	23	24	25	26	27
28	29	30	31			

← 지난 주
← 이번 주
← 다음 주

그제/그저께	어제/어저께	오늘	내일	모레
9월 8일	9월 9일	9월 10일	9월 11일	9월 12일

지난 (주) 토요일	이번 (주) 토요일	다음(주) 토요일
9월 6일	9월 13일	9월 20일

지난 달	이번 달	다음 달
8월	9월	10월

작년	올해	내년
2007년	2008년	2009년

어휘

그림을 보고 쓰십시오.

12월						
일	월	화	수	목	금	토
7	8	9	10	11	12	13
				오늘		

[보기] 어제 한국어를 공부했어요.

❶ _____ 친구를 만났어요.

❷ _____ 운동을 하겠어요.

❸ _____ 갈비를 먹겠어요.

❹ _____ 일요일에 백화점에서 옷을 샀어요.

문법 연습

01

1) 표를 완성하십시오.

인사하다	[보기] 인사했어요.
놀다	
읽다	
만나다	
기다리다	
쓰다	

2) 맞는 것을 골라 알맞은 말을 쓰십시오.

만나다　　내리다　　먹다　　사다　　오다　　타다　　가다　　마시다

지난 주 토요일에 저는 미선 씨를 ([보기] 만났어요).

미선 씨하고 동대문 시장에 (　　　　　　).

신촌에서 버스를 (　　　　　　).

동대문 운동장에서 (　　　　　　).

미선 씨는 가방을 (　　　　　　).

저는 구두를 (　　　　　　).

1시에 점심을 (　　　　　　).

우리는 비빔밥하고 냉면을 (　　　　　　).

그리고 커피숍에 (　　　　　　).

우리는 커피를 (　　　　　　).

5시에 집에 (　　　　　　).

문법 연습

ㅂ 동사

01 1) 표를 완성하십시오.

	–습니다/ㅂ니다	–어요/아요/여요	–었어요/았어요/였어요
아름답다	아름답습니다		
맵다			
쉽다		쉬워요	
어렵다			
춥다			추웠어요
덥다			
돕다			

2) 위의 단어를 써어 다음 문장을 완성하십시오.

❶ 제주도 바다가 ＿＿＿＿＿＿＿＿＿＿＿ 어요/아요/여요.

❷ 김치찌개가 좀 ＿＿＿＿＿＿＿＿＿＿ 었어요/았어요/였어요.

❸ 겨울에는 날씨가 ＿＿＿＿＿＿＿＿＿ 어요/아요/여요.

과제 1 듣고 말하기 [CD1: 56]

● 듣고 대답하십시오.

01 이 시간에 제임스 씨는 무엇을 했습니까?

❶

❷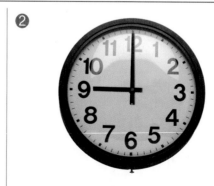

02 제임스 씨의 어제 일과로 맞는 것을 고르십시오.

❶	❷	❸	❹
1:00 학교 앞 친구 2:30 남대문시장 　　　쇼핑 8:00 집 12:00 잠	1:30 점심 2:30 백화점 쇼핑 5:00 극장 9:00 집	1:30 백화점 앞 　　　친구 2:00 점심 4:00 극장 8:00 집	1:00 학교 앞 친구 1:30 점심 9:00 집 12:00 잠

03 여러분이 어제 한 일을 쓰고 친구와 묻고 대답하십시오.

시간	무엇을 했습니까?

과제 2 말하고 쓰기 ●

01 친구와 묻고 대답하십시오.

질문	[보기] 제임스	친구 1	친구 2
지난 주말에 무엇을 했어요?	운동		
어디에 갔어요?	공원		
누구를 만났어요?	리에 씨		
어땠어요?	기분이 좋았어요.		

02 친구의 지난 주말 이야기를 쓰고 발표하십시오.

[보기] 제임스 씨는 지난 주말에 운동을 했어요.
공원에 갔어요.
리에 씨를 만났어요.
기분이 좋았어요.

Junghee	Did you rest at home yesterday?
Wei	No, I met a friend.
Junghee	What did you do with him (her)?
Wei	We saw a movie.
Junghee	How was the movie?
Wei	It was beautiful.

문법 설명

01 -었/았/였-

This suffix is used with a verb stem to indicate past tense. When the verb stem ends with the vowels '아 and 오 (except '하다')' use '-았-'. Use '-었-' when the verb ends in the other vowels. For '하다', use '-였-' to form '하였습니다' usually shortened to '했습니다'.

• 여행이 좋았습니까?	Was it a nice trip?
• 점심을 먹었습니다.	I had lunch.
• 어제 무엇을 했습니까?	What did you do yesterday?
• 작년까지 학생이었습니다.	I was a student until last year.
• 그 사람은 키가 아주 컸습니다.	That man was very tall.

02 ㅂ 동사

Some verbs that ends in 'ㅂ' don't go by the regular conjugation rules. When verbs such as '덥다, 춥다' are followed by an ending beginning with a vowel, 'ㅂ' changes to '우'. Exceptionally, in the cases of '돕다' and '곱다', 'ㅂ' changes to '오' when followed by the vowels '-어/아,' and it changes to '우' when followed by '-으'. On the other hand, some action

verbs such as '입다, 잡다, 씹다' and descriptive verbs such as '좁다, 넓다'
follow the regular conjugation rules.

- 어제는 날씨가 아주 더웠습니다.   It was very hot yesterday.
- 비빔밥이 매워요.   Bibimbap is spicy.
- 한국말이 너무 어려워요.   Korean is too difficult.
- 여기 누우세요.   Lay down here.
- 좀 도와주세요.   Please help me.

05 정리해 봅시다

● 읽어 봅시다 [CD1: 57]

1. 몇 시입니까?

2. 몇 월 며칠입니까?

3. 시작합니까?

4. 재미있었어요

● 확인해 봅시다

I

올해	어제	팔월	다음 주	만	내년
시월	오늘	십	지난 주	내일	작년
구월	그저께	천	이번 주	모레	백

1) .... – 구월 – ....

2) 작년 – .... – ....

3) .... – .... – 다음 주

4) .... – 백 – .... – ....

5) .... – .... – 오늘 – .... – ....

II

그림을 보고 알맞게 고치십시오.

일	월	화	수	목	금	토
1	2 서점	3 청소 운동	4 도서관 한국어	5 오늘	6 극장	7
8 백화점	9	10	11	12	13	14

저는 미국에서 온 마이클입니다. 요즘 월요일부터 금요일까지 연세

어학당에서 한국어를 공부합니다. 저는 운동을 좋아하겠습니다. 그래
[보기] 좋아합니다.

서 매주 월요일부터 수요일까지 운동을 했습니다. 월요일에는 서점에

갑니다. 한국어 사전을 샀습니다. 그저께는 청소를 하겠습니다. 기분

이 좋았습니다. 어제는 도서관에서 책을 읽습니다. 내일은 극장에 갔

습니다. 친구하고 한국 영화를 봤습니다. 다음 주에 그 친구 생일이

있습니다. 그래서 일요일에는 선물을 삽니다. 백화점에 갔습니다.

개수가 ~ 4개   5개~7개   8개 ☺

정리

02 친구에 대해 아는 것을 '-지요?'로 질문하십시오. 맞으면 O, 틀리면 X에 표시하십시오.

[보기] ························ 씨는 영국에서 왔지요?

························ 씨는 김치를 좋아하지요?

························ 씨는 가족이 5명이지요?

가족	질문	
[보기]	마이클 씨는 영국에서 왔지요?	O, X
1)		O, X
2)		O, X
3)		O, X
4)		O, X
5)		O, X
6)		O, X
7)		O, X
8)		O, X
9)		O, X
10)		O, X
합계		

10 – 8 두 사람은 아주 친한 친구군요!

7 – 4 좀 더 친해지세요!

1 – 3 친구에게 관심을…

III

당신은 유명한 사람입니다. 지난 토요일에 한 일을 쓰고 발표하십시오.

[보기] 이름: 잭슨   직업: 가수

11월 6일 토요일			
6시 – 8시	미용실		
9시 – 12시	KBC 방송국 인터뷰	7시반 – 10시	라이브 콘서트
12시 – 1시	점심	10시 – 12시	라디오 방송
1시 – 3시	음악 방송 리허설	12시 – 2시	춤 연습
4시 – 7시	드라마 찍기	2시 – 4시	뮤직비디오 회의

발표: 지난 토요일은 바빴습니다. 아침에 일찍 일어났습니다.

   6시에 미용실에 갔습니다. 그리고…

이름: 직업:

월 일 토요일			

발표: ....

   ....

   ....

   ....

   ....

제임스가 본 한국

'일, 이, 삼' and '하나, 둘, 셋'

In Korean there are words written in Chinese characters and pure Korean letters. It's the same with numbers. In the case of numbers, the system derived from Chinese is a bit easier to learn. Chinese character numbers, '일, 이, 삼, 사, 오, 육, 칠, 팔, 구, 십' have only one letter for each number and for the numbers over ten the numbers are systematically combined like 십, 이십, 삼십 and so on. Therefore if you memorize up to ten, then you need to memorize only 백(hundred), 천(thousand), 만(ten thousand), 억(hundred thousand)... and so on. On the contrary, '하나, 둘, 셋, 넷, 다섯, 여섯, 일곱, 여덟, 아홉, 열' have multiple syllables for some numbers and ending consonants are complicated. '여덟' is really hard to spell correctly at first. Also the numbers over ten '열, 스물, 서른, 마흔, 쉰, 예순, 일흔, 여든, 아흔, 백' are not simple.

The Korean system is used for counting things, hours, and age. The Chinese system is used for saying cardinal numbers and counting things such as minutes, years, and weeks.

아래 글을 한번 읽어 보십시오.

Counting with the fingers

It was really strange at first to see Koreans counting with their hands. In my country when people count, we clench our fist and then unfold fingers one by one. On the contrary, Koreans unfold their hand and fold the fingers in one by one starting with the thumb. But it is different when indicating lists or orders. First they unfolold their pointer finger, followed by the middle, ring, pinkie, and thumb. What do you think? Isn't it interesting? Now you try it.

여러분 나라에서 손으로 숫자를 셀 때 어떻게 합니까?

듣기 지문

1과 1항 과제 2

마리아   안녕하십니까?
민철   네, 안녕하십니까?
마리아   제 이름은 마리아입니다.
민철   저는 정민철입니다.
         그리고 제 친구 이영수입니다.
영수   마리아 씨, 안녕하십니까?
마리아   네, 영수 씨 반갑습니다.

1과 2항 과제 2

로라   안녕하십니까? 제 이름은 로라입니다. 캐나다 사람입니다.
리카   저는 리카입니다. 일본에서 왔습니다.
세르게이 저는 세르게이입니다. 러시아 사람입니다.
유진   반갑습니다. 저는 김유진입니다. 한국 사람입니다.

1과 3항 과제 2

유진   안녕하십니까? 김유진입니다.
토마스   반갑습니다. 토마스입니다.
왕명   저는 왕명입니다. 그런데 유진 씨는 학생입니까?
유진   아니요, 저는 회사원입니다.
         왕명 씨는 무엇을 하십니까?
왕명   저는 연세대학교 교수입니다.
         토마스 씨는 무엇을 하십니까?
토마스   저는 은행원입니다.

1과 4항 과제 2

김 선생님 안녕하십니까? 제임스 씨.
제임스   네, 안녕하십니까? 김 선생님.
김 선생님 학교에 갑니까?
제임스   네, 학교에 갑니다.

2과 1항 과제 2

정희　웨이 씨, 이것이 웨이 씨 공책입니까?

웨이　네, 제 공책입니다.

정희　그럼 저건 리에 씨 공책입니까?

웨이　아니요, 제임스 씨 공책입니다.

　　　여기 이름이 있습니다.

정희　그럼 저것이 리에 공책입니까?

웨이　네, 그렇습니다.

3과 3항 과제 1

제 고향은 부산입니다.

부산은 크고 사람들이 많습니다.

부산에는 바다가 있습니다. 그래서 생선이 많습니다.

그리고 대학교하고 공원도 있습니다.

겨울에는 따뜻하고 여름에는 시원합니다.

부산 사람들은 친절하고 따뜻합니다.

저는 제 고향을 아주 사랑합니다.

4과 1항 과제 2

미선　웨이 씨, 어디에 갈까요?

웨이　학교 근처 한식집에 갑시다. 깨끗하고 조용합니다.

미선　저는 정문 앞 중국집을 좋아합니다. 제임스 씨는 어떻습니까?

제임스　저는 학생식당에서 먹습니다. 아주 가깝습니다.

미선　그래요? 정문 앞 중국집은 음식이 아주 많습니다.

웨이　그럼 우리 오늘 중국집에서 먹을까요?

제임스　미선 씨, 값이 어떻습니까?

미선　값이 쌉니다.

제임스　좋습니다. 중국집에 갑시다.

YONSEI KOREAN 1

4과 2항 과제 2

마리아   불고기 맛이 어떻습니까?

웨이   좀 싱겁습니다.

마리아   그래요? 간장이 여기 있습니다.

웨이   어, 이 고추가 아주 맵습니다.

　　　마리아 씨, 그 김치도 맵습니까?

마리아   아니요, 맵지 않습니다. 좀 십니다.

웨이   이 식혜는 맛이 어떻습니까?

마리아   그건 좀 답니다.

4과 4항 과제 2

1.

마리아   뭘 드시겠습니까?

영수   전 냉면을 먹고 싶습니다.

마리아   냉면은 맵지 않습니까?

영수   물냉면은 맵지 않습니다.

　　　마리아 씨는 뭘 드시겠습니까?

마리아   그럼 저도 물냉면을 먹겠습니다.

영수   네, 여기요. 여기 물냉면 두 그릇이요.

2.

웨이   무슨 음식을 먹을까요?

미선   피자도 먹고 싶고, 스파게티도 먹고 싶어요.

웨이   저도 피자를 좋아합니다. 그럼 피자 하나하고 스파게티 하나 시킬까요?

미선   그럽시다. 여기요. 여기 피자 하나하고 스파게티 하나 주십시오.

색인 - 문법 색인
- 어휘 색인

문법 색인

어휘 색인

(8)